アイデア発想法16

どんなとき、どの方法を使うか

矢野経済研究所
未来企画室

CCCメディアハウス

装丁・本文デザイン・DTP　富永三紗子
編集　大屋紳二（ことぶき社）
校正　円水社

はじめに

アイデア発想に関する良書は書店に数多く並んでいます。そのなかで、本書をお手に取っていただきありがとうございます。そんなあなたであれば、これまでもアイデア発想法について勉強した経験があるのではないでしょうか。実際に、学んだ発想をビジネスの現場で使ってみたことはありますか？　それを成果につなげることはできましたか？

大切なポイントは――

どんなときに、どんな場面で、どの発想法を使えばいいのか？

これを知らなければ、せっかくの知識も宝の持ち腐れになってしまいます。また、誤った使い方は誤った判断を招きかねません。かくいうわれわれも、少し前までその1人でした。

市場調査やマーケティング・コンサルティングを本業とする仕事柄、アイデア発想法にはつねに関心をもち、いろいろな書籍や解説書を読みあさっていました。そして、一人前のアイデアマン（アイデアウーマン）に近づいている気になったものでした。

ところが実際の仕事で、解説のとおりにアイデアを発想しようとしてもうまくいきません。解説に忠実に行えば、アイデア創出プロセスの体裁だけは整います。しかしながら、どのアイデア発想法を使っても「本質的なアイデア発想になってないないないなぁ」と感じるケースがほとんどでした。

よいアイデアが出てこないのは時の運もありますが、本質的なアイデア発想になっていないのは大きな問題です。われわれは、何が問題なのかを考え続けました。その結論として、「使うべきアイデア発想法はケースバイケースである」ということに至ったのです。そこで再度、さまざまな文献やWEBサイトなどで、どのようなときに、どのような発想法を使うのがよいのかを調べました。しかし、具体的な回答を得ることはできません。

そこからは試行錯誤の連続。そのなかでマーケティングリサーチという実際の業務において、少しずつ培われてきた知見をまとめたものが本書の内容です。

つまり、本書はこれまでのアイデア発想法の使い方についての解説書とは違い、「どのようなときに、どのような発想法を使えばいいのか」にフォーカスしたものです。

一般的にアイデア発想法は、新事業や新商品のアイデアを考えるときに使われるものというイメージが強いでしょう。しかし、課題解決の方法を考えたり、業務改善のアイデアを求められたりするのは、企画系の部門だけではありません。生産管理や調達、営業や顧客管理、物流や管理部門を含むすべての業務部門において「創造的なアイデア発想力」は不可欠であり、今後ますますその重要性は増していくことでしょう。

本書はこうしたことを念頭に、どのようなビジネスシーンにおいても最適なアイデア発想法を見つけられるように編集しました。多くのビジネスパーソンに役立つ内容であると自負しています。

合計で16のアイデア発想法を紹介しています。そのうちアイデアを出すための方法が13、出てきたアイデアを整理する方法が3つです。アイデア発想は、アイデアを出す過程と整理する過程が1セットになってはじめて機能することから、タイトルではまとめて『アイデア発想法16』としています。

第1部でアイデア発想の考え方やポイントを解説し、第2部でひとつひとつの発想法の使い方について詳しく説明しています。理解しやすいように、主として新事業や新商品のアイデア発想シーンを想定した表現としていますが、事業や商品を何かの提案や活動と置き換えれば、これに限らず広く活用できるはずです。そして第3部では、すぐに実際のビジネスで使えるようにフォーマットを用意しました。

最後にもうひとつだけお伝えします。本書の内容を理解し、実践したとしても必ず優れたアイデアが出てくるとはかぎりません。よいアイデアが出るためには運も必要です。アイデア発想法は、その確率を高めるためのものともいえます。しかし、ただ待っているだけでは運はやってきません。最大限努力してこその運なのだということを、あらためて思い出していただければと思います。

あなたのこれからのビジネスやキャリアデザインに、本書の内容を十分に役立てていただけることを願っています。

矢野経済研究所　未来企画室

アイデア発想法16

目次

第2部 こんなとき、この発想法でアイデアを出す

第3部 アイデア発想の手順と活用フォーマット

第1部

ビジネス創造力とアイデア発想のポイント

1

ＡＩ時代だからこそ必要なビジネス創造力

◉単純作業がＡＩやロボットに置き換わる時代

経済産業省が２０１６年４月に発表した「新産業構造ビジョン――中間報告」をご存じでしょうか。「第四次産業革命をリードする日本の戦略」と副題がつけられています。

そこでは、ＡＩやロボットを活用することで社会の生産性が劇的に改善し、新しい社会が実現すると予想しています。もちろん、そこには産業構造の大きな転換が不可欠であって、そのためには「痛み」を伴う改革が不可避です。

その「痛み」はどこに生じるのでしょうか。

産業構造の転換は、就業構造の転換を意味します。つまり、**ＡＩやロボットに仕事を奪われる就業者が発生する**ということです。

製造ラインの工員やコールセンターのオペレーター、受付や経理・人事といった会社のバックスタッフ部門、保険商品の販売員や銀行窓口など、主として定型の業務や単純作業がＡＩやロボットに代替されると予測されます。

では、「新聞記者」という仕事はどうでしょう。ニュースの最前線で取材をして記事を執筆し、多くの人に真実を伝える、そんな職業はまさに人間でなければできない仕事だと思われるかもしれません。ところが、アメリカの有力紙「ワシントン・ポスト」はリオデジャネイロ五輪でＡＩ記者をはじめて導入しました。

競技結果の速報やメダル獲得数など〝単純〟な記事はＡＩに任せ、記者は分析記事に多くの時間を割く。言い換えれば、「誰が書いても同じ記事はＡＩに任せて、より創造的な記事を書け」ということです。

みなさんは日頃、単純作業と創造的業務をどれくらいの比率で行っているでしょうか？

多くが単純作業で、１～２割が創造的業務という人もいるでしょう。反対に、大半が創造的業務で、単純作業の多くは周囲の人に任せている人もいるでしょう。

誤解しないでいただきたいのですが、ここで指摘しているのは、単純作業より創造的業務が優れているということではありません。単純作業がＡＩやロボットに置き換わっていくということが重要です。たとえホワイトカラー職であっても、単純作業が業務の中心となっている人の場合は、いずれやるべき仕事がなくなっていくと考えられるのです。

もちろん、こうした時代でも、人がやるべき仕事、人でしかできない仕事もたくさんあります。それは創造的な仕事です。だからこそ、これまで単純作業を誰よりも効率よくこなすことで貢献してきた人々も、これからの時代は創造的な業務を行っていく必要があるのです。

定型の単純作業がどんどんＡＩやロボットに代替されていくのですから、みなさんの仕事環境は大きく変わっていきます。**創造性が求められる、限られた仕事の奪い合いが激しくなる時代**がやってくるのです。

これまでもビジネスの世界では創造力が求められてきましたが、これからの時代、ますます創造力の重要性が増していくことに疑いの余地はありません。

◉「これまでにない何か」を思考によって生み出す

「創造力」といえば、すぐにアートの世界や天才的なヒラメキなどをイメージしがちですが、創造力はそうしたものだけではありません。普通の人が、普通に創造力を発揮しなければならないビジネスシーンはいくらでもあります。

たとえば、ビジネスコンペで提案が求められる場合、創造力がなければ勝つことはできません。あるいは社内処理業務においては、何となく効率が悪いと誰もが思っているのに放置されている場合、創造力を発揮して効率性を高める改善をしていくべきでしょう。

簡単にいえば、**ビジネスの世界で必要な創造力とは、過去とは違う何かを思考によって生み出す力であり、少しでもよりよい未来とするために新しい何かを考え出す力**です。このようにとらえれば、ビジネスの創造力が、特別な人だけではなく、自分にとっても必要な力であると思えてくるでしょう。

では、いったいどうすれば創造的な思考ができるようになるのか。

どうすれば創造力を身につけることができるのか。

残念ながら、創造力の習得に決まりきった学び方はありません。これからも出てこないでしょう。もし、ある一定の法則やルールに従うだけで最適な回答が出てくるなら、それはもはや創造力といえるものではないので、当たり前です。

ただし、創造力の発揮を助けるためのメソッドはあります。「アイデア発想法」や「フレームワーク」といわれるものです。これらは普通に眺めているだけでは見えてこないものを、ある一定のルールに従って情報などを整理することで、見えやすく、あるいは気づきやすくすることを目的としたものです。このような気づき（着眼点）が創造力を働きやすくします。

これまで「アイデア発想法」は、主として新しい商品を考える際に活用されてきました。ビジネスの世界でもよく活用されるブレインストーミングなどがその代表です。

「フレームワーク」は、主として経営・戦略コンサルティングサービスのなかで考案され、活用されてきました。３Ｃ分析やＳＷＯＴ分析などがその代表です。

いずれもその本質さえつかんでいれば、経営戦略の策定や新規事業戦略の検討といったハイレベルな課題はもちろん、日常業務の多くの課題に創造的なアプローチを適用することができます。

◉アイデア発想法によって創造力を強化する

本書では、創造力の発揮を助ける「アイデア発想法」を具体的に解説します。その内容は、ネットサーフィンによってすぐにたどり着けるようなWEBサイトでの紹介はもちろん、書店で並んでいるアイデア発想法の書籍よりも、はるかに実用的かつ汎用的です。いわばプロユース仕様の本格的な解説ともいうべき内容です。

本書の内容を読んで、その本質を理解し、具体的なアイデア発想法の正しい選択、ならびに適切な進め方を身につければ、おのずと効果的な創造的思考活動へとつながるようになっています。優れたアイデアが出てくる確率は数段高くなるでしょう。イメージとしては、1万分の1の確率が100分の1になります。

たかが1％引き上げられたくらいでは、小さすぎて意味がないと考えそうになりますが、決してそうではありません。よいアイデアが出てくる確率はよくて千に三つと言われることから考えると、大きいといえるでしょう。

さらに、1％に満たないアイデアも、まったく無駄というわけではありません。及第点には至らなくても、あともう少しで及第点というレベルのアイデアなら割と多く出てくるようになるはずです。

正しいアイデアの発想法を身につければ、あなたの創造力は格段に高まります。その創造性によって、社内外のミーティングやビジネスをリードしていくことで、あなたへの評価が高まることは間違いありません。

2

すごいアイデアが生まれるメカニズム

◉ポイントは「アイデアの種」を見つけること

正しいアイデア発想法を理解するために、まず、アイデアがどのようなメカニズムで発想されるのかを確認しておきましょう。

そもそもアイデアの発想、あるいはビジネスの創造力とひと口にいっても、ビジネスシーンごとにそのプロセスやメカニズムは少しずつ変わります。ただ、いずれの場合においても共通し、かつもっとも難しいのが、**最初に有効なアイデアの種（シーズ）を見つけること**です。

もちろん、このあとのプロセスや活動にもそれぞれに難しさはありますが、そもそもシーズが使えないものなら、あとは何をどう頑張っても創造的なビジネス活動になりません。逆にいえば、シーズさえ有効であれば、あとは粘り強く試行錯誤していくことで、おのずと創造的活動へつながっていきます。

なぜシーズの発見が難しいのかといえば、「こうすれば有効なシーズを発見できる」という規則性や再現性に乏しく、偶発的に発見されることが少なくないからです。

一般に天才と呼ばれる人たちや、ビジネスの世界で優れていると認められる人たちは、シーズを見つけるのがとても上手です（そのような人たちは、見つけるだけでなく、その後に続く実行力もかね備えています）。

では、このような人たちは一体どうやってシーズを見つけているのでしょうか。おそらく天才肌の人に聞いても、的を射た回答を得ることはできないでしょう。「なんとなくパッと思いつく」「風呂に入っているときに突然頭に浮かんできた」などと答えるだけです。

しかし本当に、こういう人たちの頭には、自然に、勝手にアイデアが浮かんでくるのでしょうか。

優れたアイデアが出てくるまでのプロセスや方法をあまり意識していないから、そのような表現となるだけで、実際には正しい思考プロセスが存在しているはずです。この**正しい思考プロセスを見える形で構造化することで理解し、真似ること**ができれば、凡人であっても、天才肌の人たちに近い創造性を発揮できます。

◉アイデアの種を構成する4つの要素

創造性豊かな人たちが無意識に行っている正しい思考プロセスを〝見える化〟するためには、アイデアの種（シーズ）を構成する要素を考えることが大いに役立ちます。

シーズの重要な構成要素には大きく分けて4つがあります。

まず、誰のためのアイデアなのかという**「ターゲット」**。

次に、その誰か（ターゲット）が抱えているアイデアによって解決すべき**「課題」**。

さらに、その課題を解決するための手段＝**「リソース」**。

最後に、どのように解決するのか（いかにして理想的な状態や姿を実現するか）という**「ソリューション」**です。

これは、一定のビジネス経験をもつ人や、マーケティングの知識のある人であれば、ごく当たり前のことばかりで、特別なことではないかもしれません。

重要なことは、これを前提とした、ここからの内容です。3つのポイントがあります。

◉アイデアを発想する3つのポイント

そのひとつ目は、4つの要素がそれぞれ具体的に絞り込まれていることです。

たとえばターゲットは、「男性」とするよりも「ビジネスマン」とするほうが、「ビジネスマン」とするよりも「首都圏で勤務するビジネスマン」とするほうが、より具体的です。

課題についても、「仕事に役立つスキルのアップ」とするよりも「グローバルビジネスで使える英語力を鍛える」とするほうが、さらに「海外の技術屋さんとの技術的な会話に困らない英語力を身につける」とするほうがより具体的になります。リソース、ソリューション

アイデアの種を構成する４大要素

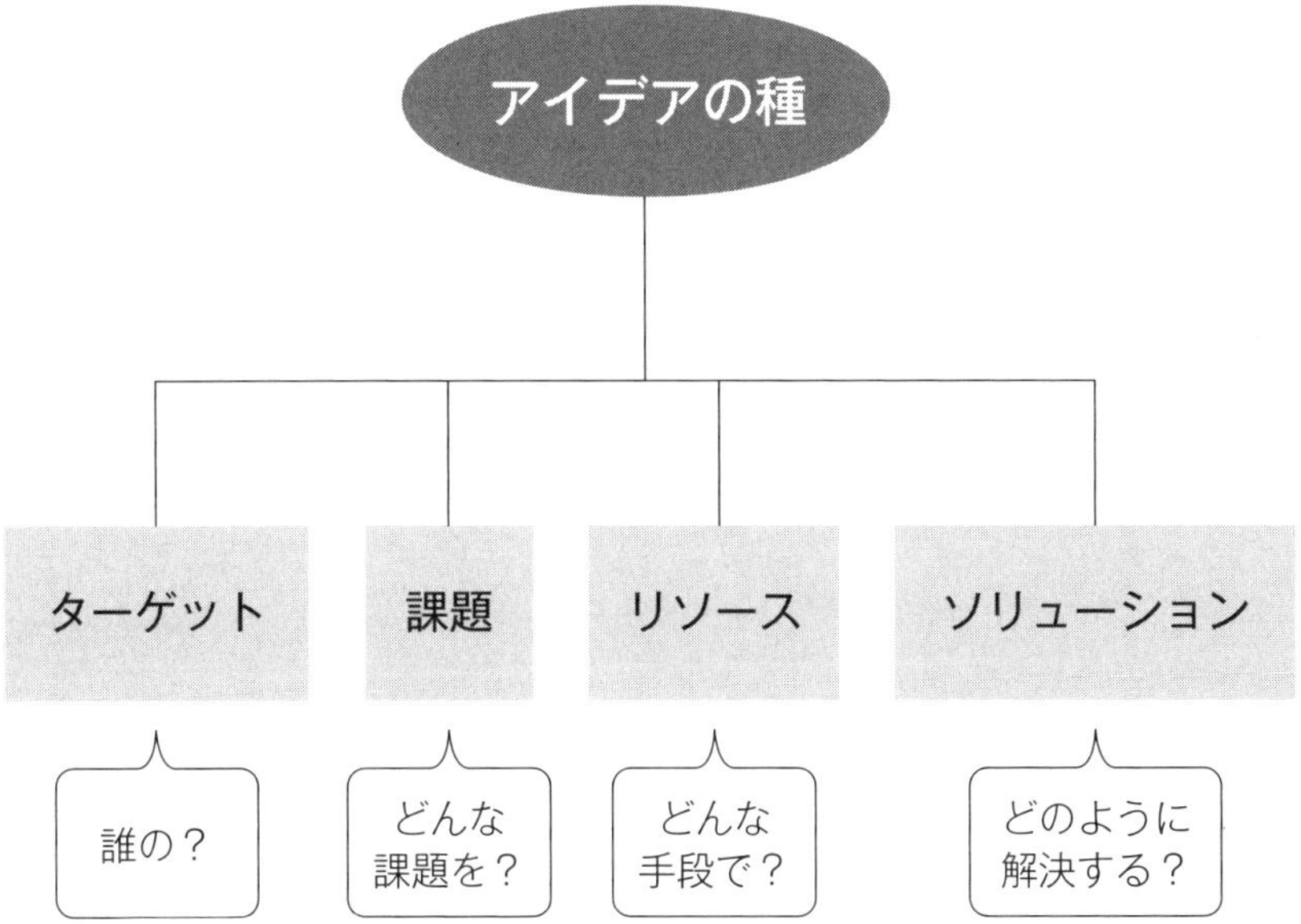

についても同様です。そして、4要素のいずれか1要素でも具体化されていなければ、アイデアの種としては弱いものとなってしまいます。

なぜ、4つの要素を具体化する必要があるかといえば、**具体的にすればするほど創造力につながる気づきも具体化する**からです。

「20代男性全体の悩み」を理解するよりも、あなたの身近に存在する「20代の友人Aさんの悩み」のほうが、よりリアルに理解できるはずです。これが具体的な気づきであり、本質に迫ることでもあります。

こう説明すると、誰でもそうだと思えることですし、そんなことはわかっているという方も少なくないでしょう。でも実際にアイデアを考えようとするときには、このことがどこかに飛んでいってしまうことが少なくないのです。

というのも、ビジネスでアイデアが求められる場合は、1人だけの何かを解決すればよいのではないからです。そこで、多くの総論的な枠組みのなかで網羅的に創造しようと、つい頑張ってしまいます。

天才肌の人の場合は、特定の誰か、あるいは個別の何かから気づきを得て、それをある程度の塊《かたまり》（ターゲット）に対して適応させようと思考します。個別にフォーカスされた具体的な気づきが先にあります。

しかし、一般のビジネスパーソンは、気づきよりも先にアイデアを出すことからスタートすることが少なくありません。これによって、天才肌の人たちとは真逆の思考手順を余儀なくされます。これを意識して、少しでも各要素を具体的にフォーカスしていかないと、なかなか有効な気づきを得ることはできないのです。

2つ目に重要なことは、先の4つの要素において、異次元の組み合わせやつながりを意識して考えることです。

斬新なビジネスアイデアを発想するためには、異業種・異業界をベンチマークすることが有効だといわれます。これは、成熟した社会において、ありきたりの検討では同業の誰かがすでに考え実行していることが多いため、異なる世界にあるものを取り込むという視点です。

わかりやすいところでみると、海外で流行っている商品やサービスを国内にもち込む、あるいはその逆などがあります。

また、他社の成功事例を学んで自社に取り入れるのも、当社のような市場調査会社やコンサルティング会社を活用するのも、よそにあるノウハウを自社にとり入れるという視点にほかなりません。

「新しいアイデアとは、すでにある何かと何かの組み合わせ」という名言もあります。これも、そのままよそからもってくるという発想が通用しない場合に有効です。

ただ、ないからもってくるだけですむのならよいのですが、成熟した社会においては、ないもの自体が何かわからない、あるいはもってくれば有効なものが存在しないということもよくあります。このようなときには、単純によそからもってくるという視点ではなく、**まだない組み合わせによって新しい何かを生み出す**という視点が重要です。

そして３つ目は、２つ目をより有効に機能させるために**「知識」という引き出しを多数かつ多様にもっておくこと**です。

一般的に人は、自らの置かれた環境、あるいは興味あることに限定して知識を蓄積していきます。自らの日常や仕事に関係なく、あまり興味のないことについては知識をストックしていくことはありません。

これをビジネスに限定してみると、自らが所属する産業・業界や企業、取り扱っている商材などについての知識は自然にストックされていきます。反面、自分の業務と直接的な取引などがない産業・業界などについては、よほど意識していなければ知識がストックされていくことはありません。新聞やネットメディアなどで多様な情報を日々目にしている人は大勢いますが、雑多な情報を知識といえるところまで読み込んで理解している人はあまりいません。

ここで少し前の内容に戻ってください。「創造的活動には、まだない組み合わせを考えることが有効」と述べました。しかし、ビジネスにおいて一般に競争しているのは、同産業・業界の人々です。そして同じ産業・業界に属する人であれば、多少の違いはあってもおおむね似たような知識をストックしてきており、先人であるほどストック量が多くなります。

アイデア発想のポイント

1　４要素をできるだけ具体的に絞り込む

2　これまでにない組み合わせを意識する

3　組み合わせのために雑多な知識をストックする

もちろん、時代の流れのなかで新しい知識がストックされていくこともありますが、それは同産業・業界に属する人であれば、みんな同じ条件です。そのようななかで、どうやってほかよりも優れた創造性を発揮すればよいのでしょうか。だからこそ、同産業・業界ではなく、違う産業・業界などの外へ創造性を求めるべきなのです。

簡単にいえば、組み合わせる2つについて、属している産業や業界内の2つの組み合わせではなく、ひとつは属する産業や業界内としつつ、もうひとつを外の産業や業界に求めるのです。

外の産業や業界などに求めるためには、日常的に多様な知識をストックしておくことが重要であり、それは通常、意識しなければストックできないことを理解しなくてはいけません。しかし意識するといっても、具体的にどうすればよいかなかなかわかりません。そこで、ひとつのよい方法を紹介します。

それは、**少々無理矢理であっても、「もしそれが自分の業界、企業、商品だったら?」という視点で世の中の情報や出来事に接すること**です。

最初は1日1回でもかまいません。このような癖をつけることが重要です。じつはこれは、外の情報を得ると同時に、アイデア発想の訓練にもつながるので一石二鳥なのです。

3 どんなとき、どの発想法を使えばいいか

◉まず前提条件を確認する

新しいビジネスアイデアを発想する必要があるとき、前提となる条件は千差万別で、その前提条件によって適する発想法が異なります。前提条件を正しくとらえて、それに適した発想法を用いなければ、よいアイデアは生まれにくくなります。

前提条件は、先の４つの要素、すなわち、①ターゲット（誰の？）、②課題（どんな課題を？）、③リソース（どんな手段で？）、④ソリューション（どのように解決する？）のうち、**どれが確定しているかいないか**によって定められます。

ここでは、前提条件を大きく４つのケースに分けて整理し、それぞれに適するアイデア発想法を簡単に紹介していきます（アイデア発想法の詳細は第２部で述べます）。

〈ケース１〉すべての要素が未確定、あるいは漠然としている場合

まずは「まったくのノーアイデア。どこからどうやって始めればいいか……」というケー

スです。

アイデアの種を構成する4つの要素（ターゲット、課題、リソース、ソリューション）すべてが白紙、フリーハンドの状態であり、まずは**イメージレベルからのスタートでもよいので、本格的な検討のきっかけ、足がかりとなるアイデアの種を出したいというケース**です。何もないところから新しいビジネスや商品を検討するというシーンでもっともよく見られます。

4要素が完全に白紙、フリーハンドの場合と、いくつかの要素について何となくでも見えている場合によって、あるいは検討すべき内容項目や水準によっても、採用すべきアイデア発想法は異なってきます。

この完全に白紙のケースに適するアイデア発想法としては、もっとも有名でもっとも多くのビジネスシーンで使われる**「ブレインストーミング」**（P39）があります。ゼロベースの段階では、アイデアの質よりも量を最優先し、とにもかくにもアイデアを出すという姿勢が重要です。すでにある商品やサービスの改良・改善アイデアを検討する場合には**「オズボーンのチェックリスト」**（P62）や**「シックスハット法」**（P47）などを使うのも有効です。

〈ケース2〉「ターゲット」が確定している場合

「既存の取引先へ、新しい何かを提供して売上げの拡大ができないだろうか」というケースです。

このように、4つの要素のうち「誰」というターゲットが確定している場合は、それを起点としてアイデアを発想していきます。**顧客や他の取引先、あるいは社内の誰かなど、ターゲットが定まっている場合の発想法**です。

この場合は、要素②のターゲットの抱える「課題」にフォーカスした検討から行うのがベターです。すなわち、対象とするターゲットの課題の洗い出し、ならびに特定からスタートし、その課題に対するソリューションやリソースを検討していくというイメージです（課題が確定したあとは、必要に応じてケース4のプロセスへと移ります）。

このケース2に適するアイデア発想法としては、枠やマスを活用する**「マンダラート法」**（P53）や**「はちのすノート」**（P56）などがあります。これらの発想法のポイントは、強制的にできるだけたくさんの課題を出していくことにあります。場合によっては、**「ブレインストーミング」**や**「欠点列挙法」**（P70）などを採用するのもよいでしょう。

〈ケース3〉「リソース」が確定している場合

「既存の商品を使って、これまでと違うビジネスを展開できないだろうか」というケースです。

4要素のうち、「リソース」、すなわちどんな経営資源（技術やノウハウ、スキルなど）や商品・サービスを使うのかが確定している場合で、それを起点としてアイデアを発想していきます。**技術やノウハウなど、活用する経営資源が決まっている、あるいは既存の商品やサービスを水平展開したいときのケース**です。

この場合もやはり、要素②の「課題」について検討していくのがベターです。ただし、その際には、要素①の「ターゲット」について、暫定的にでも課題とセットでフォーカスしながら発想していく必要があります（誰の課題なのか？ です）。ケース２と同様に課題が確定したあとは、必要に応じてケース４のプロセスに移ります。

こちらのケースもケース２と同様に、枠やマスを活用する**「マンダラート法」**や**「はちのすノート」**などのアイデア発想法が適しています。ただし、繰り返しになりますが、ターゲットを固定してアイデアを発想していくことが肝要です。

たとえば、マンダラート法の場合なら、最初は真ん中のマスにターゲットを書き込み、その周囲に課題を書き出していくなどの工夫が必要です。また、**「マトリックス法」**（P59）においてひとつの軸にターゲット候補を並べる方法でもよいでしょう。そのほか**「ブレインストーミング」**や**「欠点列挙法」**も活用できますが、やはり具体的なターゲットとセットでアイデアを書き込んでいくような工夫が必要です。

〈ケース４〉「課題」が確定している場合

最後は、「あの顧客の課題に対して、われわれはどんなビジネスができるだろうか」というケースです。

４つの要素のうち「課題」が確定している場合で、「課題」を起点としてアイデアを発想していきます。**顧客、取引先、社内など「誰か」の「何か」の「課題」が特定されており、それをクリアするための発想が必要となるケース**です。

この場合は、要素③の「リソース（手段）」を踏まえつつ、要素④の「ソリューション（解決の方向性）」について、アイデアを発想していくのがベターです。

ただし、リソースありきでアイデア発想するということではないので注意してください。むしろ、ソリューションが先にあり、これにリソースを当てはめていくイメージです。ときには社内ではなく社外からリソースを調達、補完してもよいでしょう。

この場合のポイントは、アイデア発想の前に、「課題」が十分具体的に絞り込まれているかどうかを確認することにあります。たとえば、「売上げが落ちている」という課題は、経営課題としては正しいものの、アイデア発想の対象とすべき課題にはなりません。この場合は、「売上げとは何か？」「落ちているのは単価なのか？」「販売量なのか？」「それはどの販路で落ちているのか？」などを問い、より具体化された課題を設定するようにします。

課題が曖昧だと、アイデア発想自体も有効に機能しにくくなります。もし課題が曖昧な場合は、先にロジックツリー（Ｐ77）などによって整理し、ターゲットとする課題を特定してください。ケース2から始めるほうが適当な場合もあるでしょう。

そのうえで、枠やマスを活用する**「マンダラート法」**や**「はちのすノート」**などを採用し、課題に対するソリューションを検討してください。**「希望点列挙法」**（P72）を使っても有効でしょう。その際、リソースをひとまずおいて（実現性を無視して）、ひたすらソリューションに関するアイデアを出そうとしてください。そのあとでリソースを踏まえれば（実現性を検討すれば）よいでしょう

その意味で、**「ブレインストーミング」**などによってソリューションに特化したアイデア発想を行うことも有効です。また、商品やサービスの改善というソリューションの場合には、**「オズボーンのチェックリスト」**なども活用できます。

◉アイデアの「発散」と「収束」を行う

このように、アイデア発想法の選び方は前提条件によって大きく4つのケースに分けられ、それぞれ適する発想法があります（90～91ページにアイデア発想法の選択基準をまとめていますので目安にしてください）。ただしいずれの場合においても、**共通して重要なことは、アイデア発想のときには質は無視して量を重視すること**です。

これを**「アイデアの発散」**といいます。最初からよいアイデアを出そうとするとなかなかアイデアが出てこないので、まずたくさん出すことだけに専念し、あとで質を見ようとす

前提条件に適した発想法を使う

ケース1

まったくのノーアイデア。
どこからどうやって
始めればいいか……

アイデアの質よりも量を最優先し、とにもかくにもアイデアを出すという姿勢が重要

おすすめ

ブレインストーミング、オズボーンのチェックリストなど

ケース2

既存の取引先へ、新しい
何かを提供して売上げの
拡大ができないだろうか

ターゲットの抱える「課題」にフォーカスしたアイデア発想から行う

おすすめ

マンダラート法、はちのすノートなど

ケース3

既存の商品を使って、これ
までと違うビジネスを
展開できないだろうか

ターゲットについて、暫定的にでも課題とセットでフォーカスしながら発想していく

おすすめ

マンダラート法、マトリックス法など

ケース4

あの顧客の課題に対して、
われわれはどんなビジネス
ができるだろうか

リソースを踏まえつつ、解決の方向性について、アイデアを発想していく

おすすめ

マンダラート法、はちのすノート、希望点列挙法など

るスタンスが重要なのです。

そしてアイデアの質を見る際、たくさんのアイデアをただ単に眺めているだけでは何も見えてきません。この場合は一定の決まりに従ってアイデアを整理することも重要です。これを**「アイデアの収束」**といいます。一般に、アイデアの発散と収束がセットになってアイデア発想は完了します。

アイデアの整理については、**「グルーピング整理法」**（P80）や、**「セブンクロス法」**（P84）などがあります。

以上、ケース1から4まで、前提となる条件別にアイデア発想法を見てきましたが、ここでひとつ気になる点が出てきた方もいらっしゃるかもしれません。

そうです。このケース別の発想プロセスと、まだないアイデアの組み合わせとはどう関連しているのかということです。

これら4つのケースのうち本質的なアイデア発想はケース4（課題が確定している場合）のみです。ケース2（ターゲットが確定している場合）やケース3（リソースが確定している場合）はケース4の検討を行うための前準備に相当します。

そして、ケース1（すべての要素が未確定の場合）については、ケース2やケース3とは若干趣が異なります。オールフリーハンドのため、結果としてケース4と同じく本質的アイデア発想につながる場合もありますが、必ずしもこれを前提とはしていません。

したがって、アイデアの組み合わせ（既知の何かと何かを組み合わせることで新しい創造的アイデアを発想する作業）は、ケース４のアイデア発想のときにもっとも意識してほしいことです。

あるターゲットに関して特定の課題が提示されているとき、その解決策やソリューションとして何が考えられるか。この検討を行うときに、他の産業や業界などから得られた知識ストックを活用することで創造的なアイデアが生まれやすくなるのです。

もちろん、ケース１でも、あるいはケース２やケース３の課題の洗い出しのときにも、同じような思考で検討することは可能ですが、この場合は必ずしも効果が最大化するわけではないことを覚えておいてください。

第2部

こんなとき、この発想法でアイデアを出す

1

ゼロから検討を始めるときに使う発想法

◉アイデアの内容に関する判断は後回し

さて、いよいよ個々のアイデア発想法に関する内容に入っていきますが、まずもっともよく知られており、かつもっともよく利用されることが多い「**ブレインストーミング**」から始めましょう。その派生版ともいえる「**ブレインライティング**」と「**ゴードン法**」についても併せて紹介します。

これらは、アイデアの内容についての判断は後回し、とにかくアイデアの質より量を求めるときに活用します。制約条件がほとんどないため、非常に使いやすい発想法です。

デメリットは、汎用性が高いがゆえに、検討テーマの設定が曖昧なときは効果が低下すること。漠然と「新規事業のアイデア出し」というレベルではよい検討にはなりません。ブレインストーミングに失敗する大きな原因のひとつは、ここにありますから注意が必要です。

他の発想法との最大の違いは、アイデアの種や検討の方向性がいっさい定まっていない状態でも実施できることにあります。ゼロベースからの検討が可能な、ほぼ唯一の発想法です。

自由に多くのアイデアを出す「ブレインストーミング」

◉思いつきをためらわず口に出す

ブレインストーミング（ブレスト）は、アイデア発想法の王道中の王道。もっともシンプルでパワフルな発想法であり、どんなに使えないアイデアでもよいので、とにかく自由に数多くのアイデアを出すことを最大の目的としています。アメリカの実業家アレックス・Ｆ・オズボーン氏によって考案されました。

その基本的なルールは次の４つで、これらを周知徹底します。

①批判厳禁（他人のアイデア・意見を批判・批評してはいけない）
②自由奔放（突拍子もないアイデア・意見も受け入れる）
③質より量（アイデア・意見の質・内容は一切不問）
④便乗歓迎（他人のアイデアや意見に乗っかったアイデア・意見を歓迎する）

議論の進め方は、自由な討論形式でもよいですし、参加者に順番にアイデア・意見を求める形式でもかまいません。

ブレストでは参加者に自由なアイデア・意見を求めるため、声の大きな参加者や地位の高い参加者の意見が重視、尊重、または忖度《そんたく》される傾向にあります。内気、口数が少ない、あるいは地位の低い参加者のアイデア・意見が活かされない傾向にありますから、これを回避するための工夫が必要な場合も多くなります。

また、批判厳禁ということから、他人のアイデアの反対方向にあるアイデアを出しにくい傾向があるため、これにも配慮します。反対方向のアイデアそのものは、他人のアイデアの批判ではないのですが、慣れていないと簡単には使い分けできません。

さらには検討すべきテーマを適度に絞り込み、かつ参加者全員がきちんと同じレベルで共有しておかなければ、有効な検討には至りません。

これらは、参加経験が少ないメンバーが多い場合に出やすい傾向です。最初に注意していても、いざ議論がスタートするとついテーマから外れてしまうこともしばしばです。そんなときはファシリテーター（司会進行役）が場をうまくコントロールして議論を誘導します。

ただし、多くの場合は議論に夢中になるために発生するものなので、よほど目に余る場合を除き、軽く注意するにとどめ、議論を望ましい方向へ自然に誘導していくことを心がけます。注意は、注意された人のその後の議論への参加を抑制するリスクがあるので慎重に行ってください。

こうした点に気をつける必要がありますが、**どのようなアイデア発想をしたらよいかわからない場合は、まずブレインストーミングから始めてみてください。**

95ページ

ブレインストーミングの４カ条

1　批判厳禁

2　自由奔放

3　質より量

4　便乗歓迎

自由なアイデアを紙に書き込む「ブレインライティング」

◉参加者全員に均等にアイデアを求める

ブレインライティングとは、**ブレインストーミングを紙面で展開する発想法**で、強制的に、参加者へ均等にアイデアを求めることができます。ブレストをベースとして、ドイツのバッテル記念研究所が考案した発想法です。

基本的なルールは、ブレストと同様で、①批判厳禁、②自由奔放、③質より量、④便乗歓迎の４つを周知徹底します。

「6・3・5法」と言われることもあるように、「6人」で、「3アイデア」ずつ、「5分ごと」に出すスタイルが有名ですが、必ずしもこの限りではありません。

ブレストと比較して、他人の意見を聞く時間を割愛できるため、アイデアを考える時間を多くとることができます。また、誰が出したアイデアなのかわからなくすることで、声の大きな人や地位の高い人の意見が重視・尊重される傾向を緩和できます。

反面、ほかの人の発案や意見を聞く時間がなくなるため、「便乗歓迎」においてやや弱い側面もあります。これを回避するために、5分ごとに用紙を回して前の人のアイデアを参考にアイデアを考えて書き足していくような工夫を取り入れてください。

また、よりいっそうの効果を狙って、ブレインライティングのあとに、ブレストを実施するのも有効です。

検討すべきテーマを適度に絞り込み、かつ参加者全員がきちんと同じレベルで共有しておかなければ、有効な検討には至らない（議論すべき方向性からの逸脱が頻発しやすくなる）のはブレストと同様です。

ブレストがあまりうまく機能しない、とりわけ偏った人の意見や発言時間に議論の多くを割かれるような場合には、ブレインライティングの採用をおすすめします。

97ページ

アイデア出しに行き詰まったときに使う「ゴードン法」

◉常識にとらわれないアイデアを導き出す

いくら「自由奔放」「質より量」と言われても、議論がスタートすると、ついつい「これはダメだろう」「あれはすでにあるな」と考え、活発な議論にならないことがあります。

社会（市場、商品、サービスなど）が成熟していく過程で、これまでに相当数のアイデアが出尽くしましたから、既知情報や過去の常識にとらわれてしまうと、こうした傾向になりがちです。これを回避するためのアイデア発想法に**ゴードン法**があります。アーサー・D・リトルに勤めていたウィリアム・ゴードン氏によって考案されました。

ブレインストーミングでは事前に検討テーマを参加者に明確にしますが、**ゴードン法ではあえて本当のテーマを伏せたまま、ブレインストーミングを実施します**。

本当のテーマは伏せつつ、その本質やそれと関連づけられたテーマを明確に伝えます。目的そのものを検討してもらうか、目的の重要因子を検討してもらうかの違いです。

たとえば、一度封をすると二度と開封できない（破らなければいけない）樹脂製のジッパー付き袋があったとします。この商品の用途・使途について検討してもらうならブレストを行います。一方、一度封をすると破らなければ開けられない袋（袋の代わりに箱やケースとしたり、もっとぼかしたい場合は「もの」としてもよいでしょう）の使い方を検討してもらうのがゴードン法です。

ゴードン法では、「ジッパー付き袋」という具体的な商品を連想させず、重要な機能だけを提示するのです。これによって「ジッパー付き袋」という商品への常識・固定観念が抑えられます。その結果、参加者の検討の視野や思考が一般的な常識などから解放されて、自由なアイデアの発想を行いやすくなるのです。

もうひとつ例を挙げましょう。

「新しいカレーライスの商品アイデア」を発想する場合です。

「新しい」にもいろいろありますが、今回は「香り」にフォーカスしたいと考えました。このとき、「新しい香りのカレーライスを考えてほしい」と言っても、斬新なアイデアはなかなか出てこないでしょう。しかし、これを「食べ物（あるいは食品）につける新しい匂い・香りのアイデア」として検討を進めると、カレーライスという常識にとらわれない斬新なアイデアが出てきやすくなります（バラの香り＋カレーライス、など）。

一般的な常識や固定観念を除く形で、その本質だけ検討してもらえるようにテーマ設定することがポイントなのです。

ゴードン法は、**検討すべきテーマについてあえて遠まわりすることで、最終的に本来の目的につなげていく手法です。そのため、事前準備を含めてファシリテーター（司会進行役）の技量が問われます。**ブレストと比較して、ファシリテーターのセンスや経験がその成否を大きく左右します。

ゴードン法の基本ルールと方法は、ブレストと同様で、ブレインライティングを活用・併用してもかまいません。

ブレストを実施しても、いつものありきたりのアイデアしか出てこないときや、何回もブレストを実施して、これ以上アイデアを出すのが難しいときなど、行き詰まり感が漂っている場合にはゴードン法にチャレンジしてみてください。

99ページ

2

議論がかみ合わないときに試す発想法

６色の帽子を使って論点を絞り込む「シックスハット法」

◉効率的に発想していくために

アイデアを発想するための議論には、よい議論と悪い議論があります。

よい議論とは、他者の意見を否定せず、その派生的なアイデアをドンドン出していく議論です。悪い議論とは、他者のアイデアに対して否定的な意見を言って、そこからの議論を封じたり対立したりすることで、発展的に進んでいかない議論です。

悪い議論であっても、まともに対立している議論であれば、きちんとルールを説明して修正していくことも可能です。しかし、論点がかみ合っていない議論は最悪で、これはコントロールするのがやっかいです。

論点がかみ合わない原因は、それぞれ前提としている条件や環境などが違っているためで、そこに気づかないまま互いに主張し合うことも少なくありません。それぞれが当たり前と思っていることが、相手にとってそうではなかったというケースです。たとえば、想定しているターゲットは同じでも、一方は利用シーンを、他方は利用のしやすさを議論していた場合などです。

「あらかじめきちんと説明、提示すれば、そんな問題は起こらないのではないか」と思われるかもしれませんが、アイデアを議論によって発想していく実際の場では意外とよくあることです。前提となる条件や環境を事前に100％提示するのは、時間的にも労力的にも負担が大きく、参加者に理解を求めることも難しいものです。

そんなときには、水平思考（ラテラルシンキング）を提唱したエドワード・デ・ボノ氏が考案した**シックスハット法**が役に立ちます。

◉6つの視点でアイデアを検討する

シックスハット法は、アイデアを検討する視点、あるいは検討のプロセスを細かく切り分け、それぞれの視点で全員が一致して、同じ方向でアイデア、意見を出し合う方法です。対立思考ではなく、水平思考でアイデアを発想します。

シックスハット法という名のとおり、6つの視点で検討を進めます。6つの視点に色づけし、その色の帽子をかぶってアイデア出しを行ったことからシックスハット法と命名されました。もちろん色つきの帽子はなくてもかまいませんが、議論中に、今どの色（視点）を議論しているのか、視覚的に認識できるような環境をつくります。

51ページに示すように、青→白→黄→黒→緑→赤の６つのステップで検討を進めます。最初のステップである「青」では、「立ち位置の確認」を行います。具体的には、検討テーマや検討ステージ、これまでの検討結果・経緯などを参加者で共有します。

次のステップ「白」では、「事実の確認・把握」を行います。検討するテーマに関して、参加者それぞれがもっている客観的な情報やデータ、事実などを発言して共有し合います。

さらに「黄」と「黒」は、検討テーマに関するよいところ（長所）と悪いところ（短所）をそれぞれ議論します。「黄」のときはよいところだけ、「黒」のときは悪いところだけと限定して意見を出し合います。

そして、本質的なアイデア発想の色として「緑」があり、ここでは新しい代替案や創造できそうなことを議論します。

最後の「赤」では、出されたアイデアについての率直な気持ち（どう感じるか、好きか嫌いかなど）を話し合い、アイデアを検証し、必要に応じて仕切り直しやブラッシュアップのステージにつなげます。

◉既存ビジネスに関して新しいアイデアを生み出す

シックスハット法のポイントは、ある色の視点で検討するときには、無理にでもその色（同じ視点）で意見を出し合うことにあり、このルールを必ず守ります。ブレインストーミングなどと同様に、制約条件がほとんどないなかでアイデアを発想することも可能ですが、ある程度テーマを絞り込み、方向性だけでも設定しておかなければ、検討が進みにくくなります。

もし検討テーマが曖昧な場合は、「青」の立ち位置の確認だけで、意見がまとまらずに検討が終わってしまう可能性が非常に高くなります。

これらを踏まえると、シックスハット法は、**具体的な既存のビジネスや商品、サービスに関する新しいアイデアの創出に適した発想法**といえます。ゼロベースの新規事業を検討する場合には、事前に「青」や「白」についてある程度方向づけしてから検討に臨みます。

6つのプロセスの順序に関してはいろいろな考え方がありますが、「青」→「白」→「黄」→「黒」→「緑」→「赤」の順に進めることをおすすめします。もちろん特定プロセス（色）の割愛や繰り返し、あるいはプロセス（色）を入れ替えても問題はありません。

「なかなか議論がかみ合わないなぁ」「違う論点での議論が多いなぁ」と感じたときには、シックスハット法の採用を検討してみてください。

101ページ

シックスハット法の検討ステップ

3

近接するアイデアから連想する発想法

◉枠をアイデアで埋めていく

次は、**「枠（セルやマス）を埋める」ことによって、強制的に一定量のアイデアを出していく発想法**です。

アイデア発想に限らず、情報を整理するときに枠はよく利用されます（ビジネスの分析に使うフレームワークや、アイデアの整理でも枠を利用します）。ここでは、枠を使う発想法の代表として**「マンダラート法」**など3つを紹介します。

これらは、アイデアを発想していくべき方向性についておおよそでも定まっていれば利用できる発想法です。中心の枠に検討すべきテーマを置き、そこからの連想によって隣接する枠へ次々とアイデアを展開させていきます。

テーマの共有や設定が甘い場合は連想が途切れやすく、もしくは連続性に欠けるバラバラの連想となり、うまく検討が進まない可能性が高まります。あるいは単なる連想ゲームに終わってしまうために注意します。

8つのマスにアイデアを埋めていく「マンダラート法」

◉中心に検討するテーマを書く

マンダラート法は、デザインコンサルタントの今泉浩晃氏が考案したシンプルかつパワフルな発想法です（今泉浩晃氏の登録商標）。

縦横３つの行×列、計９つのマス目を作成して、中心に検討するテーマを書き、その周囲の８つのマスにテーマから連想されるアイデアを書き込んでいきます。

ポイントは２つ。ひとつはすべての枠を埋めなければならないこと、もうひとつは、これを２、３回程度繰り返して実行することです。

ブレインストーミングなどとの一番の違いは、「限定された数のマス目を埋める」という強制性にあります。とにかく８つの連想されるアイデアを埋めないと検討を終えることができないというルールで検討するのです。

一般に、**ブレストのように「まったくフリーにアイデアを出せ」と言われるよりも、「周囲8つのマスを連想ワードで埋めろ」と言われるほうが取り組みやすく、このような限定的な強制性がアイデア発想を助けます**。「８」という、苦しいけど何とかなりそうなアイデア数を求めることがちょうどよいようです。

出されたアイデアそれぞれをあらためて検討テーマに置き、検討を広げていくことでアイデアを発展させていきます。最初は8つのアイデアですが、これを2回繰り返せば8×8で64アイデア、3回なら8×8×8の512アイデアとなるのです。一見、単純なようですが、これは非常に強力です。

マンダラート法は、ブレスト同様に使い勝手のよいシンプルなアイデア発想法であるため、第1部で紹介した前提条件の異なる4つのケースのうち、まったくのフリーハンドであるケース以外の3つのケースで採用をおすすめします。

たとえば、あるシーズやリソースがあり、これによって新規市場に参入したいと考えた場合は、まずは候補となりそうなターゲットを具体的にいくつか設定します。そして、それぞれのターゲット別にシーズやリソースによって解決できそうな具体的課題を検討していくのです。

注意点としては、検討すべきテーマを具体的に設定すること。検討テーマがある程度具体的でなければ、まったく意味のなさないアイデア発想や、ただの連想ゲームになりかねません。ブレストよりもさらに検討テーマの具体性が必要な発想法です。

マンダラート法は、検討テーマが具体的で、検討の方向性が定まっている場合に、まず採用してみてほしいパワフルなアイデア発想法です。

103ページ

中心から放射状にアイデアを展開する

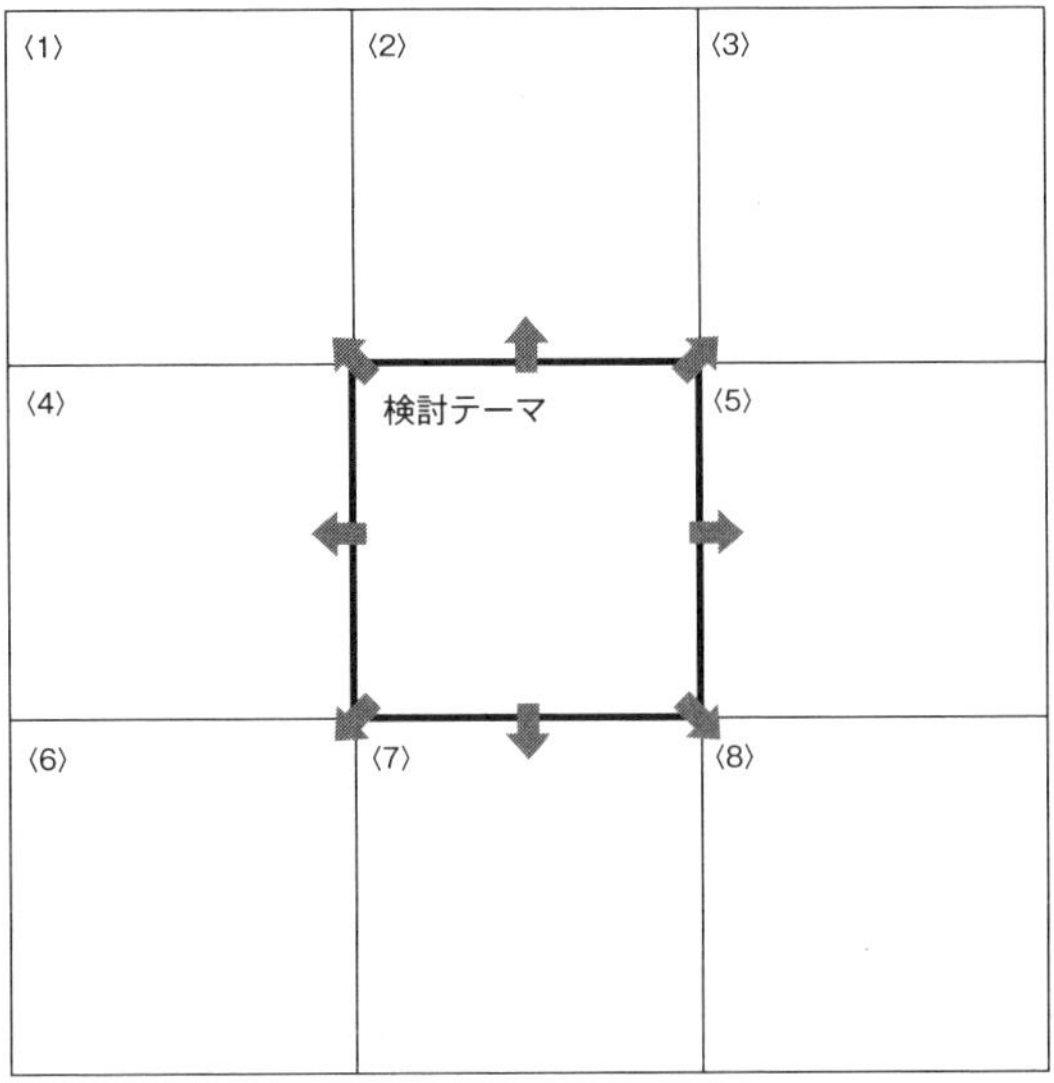

密教の曼荼羅（マンダラ）

||

主尊を中心に諸仏諸尊の
集会する楼閣を模式的に示した図像

途切れない連想でアイデアを発展させる「はちのすノート」

◉「これは!」というアイデアは特殊なマスに書き込む

マンダラート法と同様に検討テーマを中心に置いて、その周囲に連想的にアイデアを書き出していく発想法のひとつに、**はちのすノート**があります。これは、アイデア創出支援の専門家である石井力重氏（アイデアプラント代表）によって考案された発想法です。

マンダラート法が3×3の9マスという限定したマス目を用意するのに対し、はちのすノートでは蜂の巣のように無限にマス目を用意します（実際には、用紙のスペースいっぱいに用意することになります）。

はちのすノートは、数に制限をもたせず、無限にアイデアを次々と連想、発展させることが可能であることに最大の特徴があります。

無数のマス目のところどころに、通常のマスとは異なる形状の特殊なマスを配し、「これは!」というアイデアが出てきたらそこへ記載して、そのアイデアを起点にさらにアイデアを発展させていく形で発想を進めていきます。せっかく出た「これは!」というアイデアを途切れない連想によって発展させていくわけです。

元来、アイデア発想は水モノであり、何となくひらめいても、わずかに時間が経過しただけで失念することもしばしばです。たとえば、マンダラート法では、さらに発展的に議論、検討したいアイデアが出てきてもそうはいきません。そのときの検討テーマの終了を待ってから、次の検討テーマとしてあらためて検討していく必要があるため、そのときにはすでにそのアイデアについての発展的イメージが萎んでしまっている可能性が高くなります。

このように、**アイデア発想の連想の流れを断ち切ることに問題がある場合は、はちのすノートのような形で検討テーマに関して自由に先へ先へと発展させていくスタイルがおすすめです**。同じ連想的なアイデア発想法であっても、マンダラート法は定型マニュアル型、はちのすノートは臨機応変型といえます。

はちのすノートもマンダラート法同様に、検討すべきテーマがある程度具体的でなければ、ただの連想ゲームになりかねません。その点には注意しますが、マンダラート法とは異なり、連想の重視を通じて次々と検討テーマの方向性を変えていくことができます。これによって、最初の設定が少々甘くても、検討を進めつつ徐々に検討テーマそのものを具体的にフォーカスしていけば、大きな問題にはなりません。

検討するテーマが何となく定まっているが、いまひとつ具体的でない場合や、マンダラート法などで検討していて、「ちょっと堅苦しい、もっと自由にアイデアを連想させていきたい」と思ったときには、はちのすノートを採用してみてください。

105ページ

はちのすノートは臨機応変型

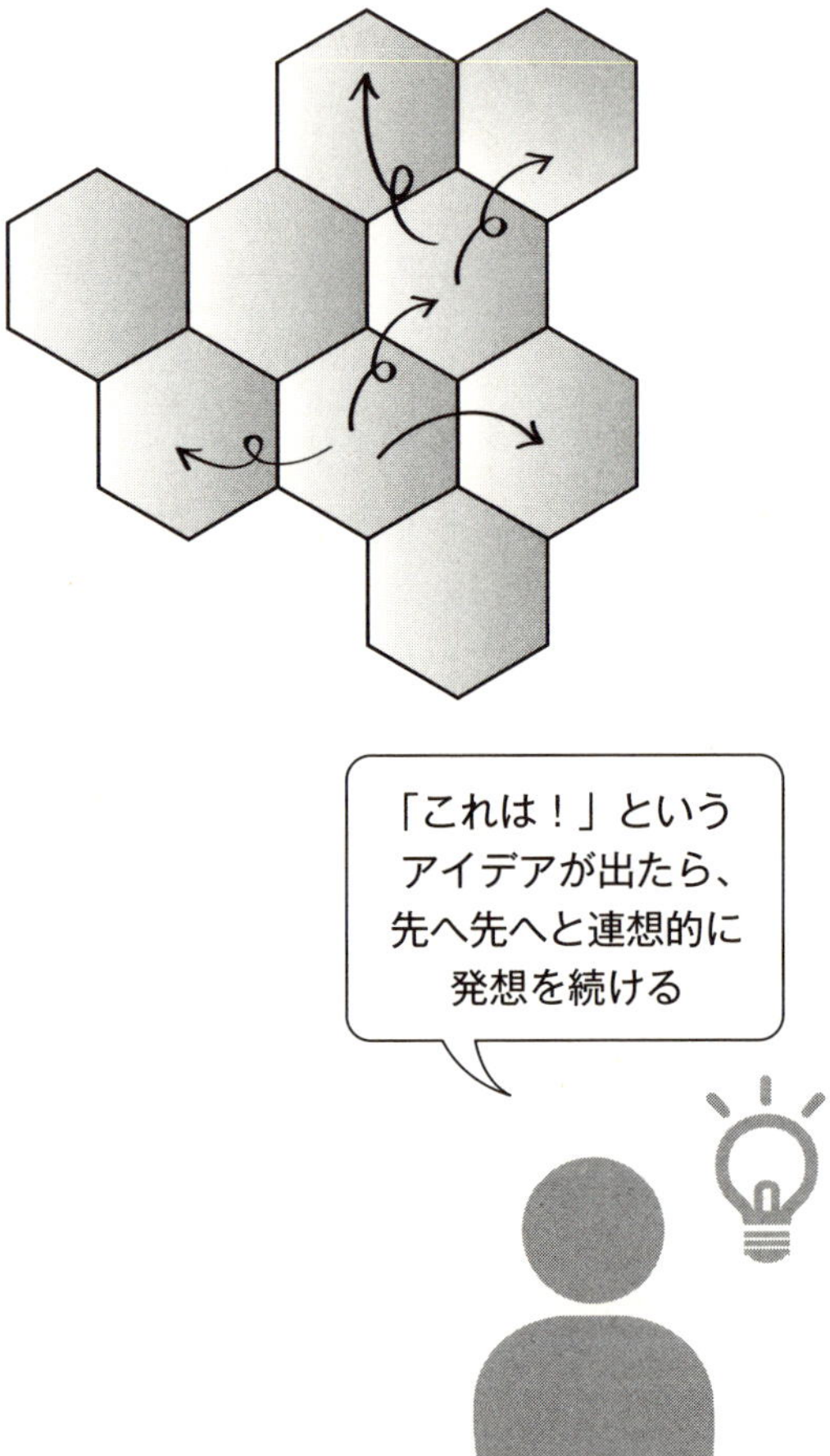

２つの軸をかけ合わせて検討領域を絞る「マトリックス法」

◉縦横の軸がクロスした範囲でアイデアを検討する

同じマス目を使ったアイデア発想法でも、ある程度ガイドしたうえでアイデアを発想させる方法として**マトリックス法**があります。このマトリックス法は、髙橋誠氏（株式会社創造開発研究所代表）によって考案されました。

ポイントは、**マス目の縦横に検討軸を設定し、そのクロスした範囲でアイデアを検討すること**。アイデアの検討範囲を適宜一定程度にフォーカスしつつ、そのフォーカスを少しずつ変化させることで、アイデア創出を促進します。

縦、横に設定する軸は任意ですが、できるだけ次元の異なる軸を用います。たとえば、年代×性別など顧客ターゲットを２つ設定するよりも、片方に顧客ターゲットを設定したなら、他方は利用シーンや使い方、機能や属性など、できるだけ異質な軸を設定します。

軸設定の代表的な候補としては、①ターゲット、②利用シーンや業務プロセス、③商品タイプ・形態・機能・構造・属性、④購入手段、⑤価格帯、⑥心理状態など。

検討軸は具体的であるほどよく、検討の切り口として最適になるようセグメントして設定します。左のように「お弁当を食べる人」なら、子ども、生徒、社会人などです。検討軸の設定が適切なら、適度にフォーカスされ、アイデアを発想しやすくなります。ただし、軸設定の自由度が高いだけに、その質のコントロールが少し難しいアイデア発想法です。**マンダラート法やはちのすノートではうまくアイデアが出てこない場合には、軸を十分に検討したうえでマトリックス法を採用してみるのがよい**でしょう。

107ページ

マトリックス法の例：
お弁当向けの冷凍総菜のアイデアを発想するために
季節ごとのキーワードを考える

ターゲット／シーズン	子ども（幼児・小学生）	生徒（中高生）	20代社会人（単身女性）	30代社会人（既婚男性）
年末年始	風邪・インフルエンザ おせち お年玉	受験勉強 お年玉 年賀状	免疫力UP 温まる バーゲン 初詣 和服	忘年会・新年会 胃にやさしい 大掃除 宝くじ 挨拶まわり
立春	節分（鬼・まめまき） ひな祭り	期末試験 合宿 塾・予備校	バレンタインデー 冷え症	恵方巻き
春	入園・入学式 卒園・卒業式	入学式 卒業式 進学 クラス替え 転校生	出会い インスタ映え 花粉症	異動・転勤 昇進・昇給 決算 花見
夏休み	宿題 海 山 プール 家族旅行	部活 合宿・大会 塾・予備校	海外旅行 ダイエット 低カロリー 花火大会 ゆかた フェス	お盆 帰省 家族旅行 ビアガーデン
秋	運動会 遠足 七五三	文化祭 読書	ハロウィン もみじ狩り フルーツ スイーツ	食欲 スポーツ アウトドア

4

商品企画の検討に最適な発想法

◉視点を多角化・多様化させる

商品企画の検討に適したアイデア発想法を紹介しましょう。

検討の視点や着眼点を多角化・多様化し、かつ論点をフォーカスするアイデア発想法の代表として**「オズボーンのチェックリスト」**があります。

検討視点や着眼点を多様化させるために、あらかじめ適当な「問い」を準備しておきます。いくら多様化・多角化といっても、意味のない視点や着眼点では検討の方向が定まらず、有意義なアイデア発想になりません。そこで一定の基準によって準備された多様な視点を利用するのです。

「何か」を多様な視点や着眼点によって検討するためには、その「何か」が存在しなくてはなりません。したがって、まだ世の中に存在しない商品ではなく、既存の商品をベースに新しいアイデアを発想する場合に適した方法です。

「オズボーンのチェックリスト」「ＳＣＡＭＰＥＲ法」「ＴＲＩＺ（トゥリーズ）法」の３つを紹介しましょう。

９つの質問でアイデアを発想する「オズボーンのチェックリスト」

◉すでにある商品・サービスを改善する

オズボーンのチェックリストは、アイデアの検討に９つの質問を使います（生みの親のオズボーン氏はブレインストーミングの考案者としても有名です）。

９つの質問とは、①転用、②応用、③変更、④拡大、⑤縮小、⑥代用、⑦再編成、⑧逆転、⑨結合です。９つそれぞれについて、さらに詳細なサブリストを設定しておくのも有効です（①の「転用」なら、ほかに使えるシーンはないか？ 新しい用途はないか？ など）。

オズボーンのチェックリストは、**具体的な「ある何か」（検討テーマ）に対して、検討の視点や着眼点を多様にズラしていく発想法**なので、起点となる「ある何か」を明確、具体的にしておかなければなりません。この点から、すでにある商品・サービスの改善や改良の検討に適する発想法といえるのです。

何かの商品・サービスの改善や改良について新しいアイデアを発想する場合には、まずオズボーンのチェックリストで検討してみましょう。

109ページ

オズボーンのチェックリスト

転用 ほかに使い道は？ 新しい用途は？　など	**拡大** 大きくしたら？ 加えたら？　など	**再編成** 順序・配置、因果、組み合わせ などを変えられないか？　など
応用 アイデアをもってこられないか？ 近似・類似のものは？　など	**縮小** 小さくしたら？ 減らしたら？　など	**逆転** 逆・反対・反転・反比例では？ 前後、左右入れ替えると？　など
変更 何かを変えられないか？　など （色、形、使い方、重さなど）	**代用** ほかでの置き換えは？ ほかのヒト・場所では？　など	**結合** 組み合わせると？ 合体・統合すると？　など

７つに絞った質問でアイデアを発想する「SCAMPER法」

◉オズボーンのチェックリストを改良した発想法

オズボーンのチェックリストの兄弟のような発想法に**SCAMPER法**があります。

ＳＣＡＭＰＥＲとは、アイデア検討の視点の頭文字を並べたものです（左ページ参照）。創造性開発研究家のボブ・エバール氏が、オズボーンのチェックリストを覚えやすく改良した発想法です。**オズボーンのチェックリストが９つの質問であるのに対し、７つの質問を使います。**

７つの質問とは、①代用、②結合、③応用、④変更、⑤他の用途、⑥削減、⑦逆転・再編成です。オズボーンのチェックリストにおける変更と拡大、縮小が、再編成と逆転がそれぞれ統合され、代わりに削減が入ったと理解すればよいでしょう。

発想法としてはオズボーンのチェックリストとまったく同様であり、検討の視点、着眼点を多様化、多角化させる効果が期待できます。それぞれのチェックリストにサブリストを設定しておくことが有効なこと、すでにある商品・サービスの新しい企画検討などに適する発想法であることも同じです。

オズボーンのチェックリストでは、リストが多すぎるという場合には、ＳＣＡＭＰＥＲ法を使ってみてください。

111ページ

SCAMPER 法のチェックリスト

Substitute/ 代用	置き換えできないか？
	代用品はないか？
	他の場所ではどうか？
	他の人ではどうか？
Combine/ 結合	組み合わせることはできないか？
	結びつけることはできないか？
	合体・統合させることはできないか？
Adapt/ 応用	他のアイデアを使えないか？
	過去のアイデアを使えないか？
	近似・類似のものを応用できないか？
Modify/ 変更	色や形を変えられないか？
	大きく（小さく）できないか？
	重く（軽く）できないか？
	意味を変えられないか？
	匂いを変えられないか？
Put other purposes/ 他の用途	他の使い道はないか？
	他の目的に使えないか？
Eliminate/ 削減	余計なものを削れないか？
	何かを取り除けないか？
Reverse・Rearrange/ 逆転・再編成	逆・反転できないか？
	入れ替えることはできないか？
	順序・配置を変えられないか？
	要素・因果関係の入れ替えはできないか？

技術的なアイデアの発想に使う「TRIZ法」

◉40のうち必要なリストを活用する

オズボーンのチェックリストに近いものの、より論理的にチェック項目が設定されているアイデア発想法に**TRIZ（トゥリーズ）法**があります。

そのチェックリストは、旧ソ連海軍の特許審査官だったゲンリッヒ・アルトシュラー氏によって数多くの特許データが分析され、そこから導きだされた**40パターンの原理**に基づいています。

TRIZ法は本来、技術的な課題について、すでにある特許技術の発展・進化パターンを水平展開させて科学的に解決を試みるための手法です。技術課題を構造的に特定し、日々積み上げられる特許開発情報をひもといて解決パターンを把握、それらを当てはめていくことで課題解決を試みるという流れで、実践には多様な解決アプローチへの理解と膨大な特許データを処理するためのソフトウェアなどの助けも必要です。

オズボーンのチェックリストのようなシンプルなアイデア発想法とは性質がまったく異なりますが、40パターン原理からなるチェックリストだけに注目することで、シンプルなアイ

TRIZ法における40の原理

分割する	高速化する
切り離す	悪いところによい何かを見つける
一部の質を変える	フィードバックする
調和を乱す	仲介する
組み合わせる	自ら行わせる
汎用的にする	コピーする
組み込む	短寿命だが安価なものを大量に使う
バランスをとる	触れずに動かす
反作用をうまく使う	水や空気の流れを使う
予測して対応する	自由度の高い薄い膜を使う
事前に保護する	吸収する素材を使う
同じ高さにする	色を変える
逆転させる	均質にする
回転させる	排出をなくす／排出物を利用する
可変性を考える	パラメーターを変える
一部を解決する、あるいは大まかに解決する	固体・液体・気体を変化させる
次元を変える	熱で膨らませる
振動させる	濃度を上げる
繰り返す	反応しないものを使う
連続させる	組み合わせの構造を考える

デア発想法として活用できます。

効果的なシーンとしては、具体的な「ある何か」に基づいてパターン原理の視点でアイデアを発想するときで、この点においてオズボーンのチェックリスト同様に何かの商品・サービスの改善や改良の検討に適しています。

なかでも、特許データに基づいたパターン原理からチェックリストが設計されていることから、**技術的あるいは機能面でのアイデア発想**に向いています。もしこのチェックリストを技術や機能に関連しない検討に利用したい場合は、使いにくいリストを事前に排除しておくなどの工夫が必要です。

オズボーンのチェックリストやＳＣＡＭＰＥＲ法とは異なり、**すべてのチェックリストを使って検討しようとせず、必要に応じて適宜チェックリストを活用するのが現実的**です。

113ページ

5　「欠点」「希望」「特性・属性」からアイデアを考える

◉着眼点をひとつに絞って発想する

商品企画の検討に適した発想法としては**「列挙法」**も有名です。検討方法の基本はブレインストーミングと同じであり、商品企画以外でも活用できます。

この「列挙法」は、議論のポイントをひとつに絞る点に特徴があります。絞り込むポイントになるのは「欠点」「希望」「特性・属性」です。

実際に検討する際はターゲット顧客をできるだけ明確化します。ターゲット顧客によって、欠点や希望点が相反することも想定されるためです。

ここで紹介する方法は、欠点や希望、特性・属性などについての議論方法であり、新商品や新サービスなどを直接検討する方法ではありません。議論された欠点や希望、特性・属性から新しいアイデアを考えていく、いわば間接的な発想法です。

フォーカスポイントの異なる３つの発想法を紹介しましょう。

思いつくかぎり欠点を書き出していく「欠点列挙法」

◉「誰にとっての欠点か」を意識する

商品やサービスなどの、欠点にフォーカスしたアイデア発想法が**欠点列挙法**です。ホットポイント社（GE社の小会社）によって考案されました。

文字どおり、対象となる商品やサービスなどに関して、思いつくかぎりの欠点を書き出していく方法で、その解決策を練るという姿勢でアイデアを考えていきます。

簡単にいえば、**現状の商品やサービスに関する欠点や不満点、課題点を解決、ないし改善するスタンスでアイデアを発想する**ものです（もちろんその過程において、イノベーティブなアイデアが出る可能性も十分あります）。

検討手順はいたって簡単で、設定した検討テーマに関して、欠点などのデメリットなどを可能なだけ具体的に列挙し、それらひとつひとつについての解決策を検討していきます。欠点ばかりを先に議論し、その後思いつくままに欠点に対する解決アイデアを議論してもよいですし、欠点を検討しながら同時に解決アイデアを検討してもかまいません。

検討を進めるときは、「誰にとっての欠点なのか」を強く意識してください。これがセットでなければ、その後の検討で整合性がとれなくなる可能性があるので注意してください。

欠点列挙法は、どちらかといえば、**抜本的ではなく、既存商品・サービスなどの改善レベルのアイデア発想**に適しています。

115ページ

欠点列挙法のフォーマット

検討テーマ			
欠点（短所・デメリット）			解決法（アイデア）
誰にとって？	どんな短所・デメリット？	⇒	それを解決するアイデアは？
		⇒	
		⇒	
		⇒	
		⇒	
		⇒	

「あったらいいな」の視点から考える「希望点列挙法」

◉理想を明確にしてその実現策を考える

欠点列挙法とは反対に、商品やサービスの理想にフォーカスしたアイデア発想法が**希望点列挙法**です。希望する内容や理想を最初に議論し、次にそれらの実現策を検討するというスタンスでアイデアを検討します。

簡単にいえば、**現状の商品やサービスに関する理想像「あったらいいな」を明確化し、その実現策を考えるというスタンスでアイデアを検討する**ものです。

こちらも検討手順はいたって簡単で、設定した検討テーマについての希望内容や理想などを可能なだけ具体的に列挙し、それらひとつひとつの実現策を検討していきます。欠点列挙法同様に、希望や理想ばかりを先に議論し、その後思いつくままにその実現策を議論する方法でもよいですし、希望や理想を検討しながら実現策を検討してもかまいません。注意ポイントも同様で、「誰にとっての希望や理想なのか」の意識をもち続けることが重要です。

この希望、理想から考える発想法では、既存の商品やサービスの改善アイデア、イノベーティヴなアイデア、どちらも生まれる可能性があります。

117ページ

希望点列挙法のフォーマット

検討テーマ			
希望点・理想像			実現法（アイデア）
誰にとって？	どんな希望・理想？	⇒	それを実現するアイデアは？
		⇒	
		⇒	
		⇒	
		⇒	
		⇒	

商品特性などを細分化して検討する「特性列挙法」

◉サプライヤー視点でアイデアを練る

欠点列挙法や希望点列挙法は、顧客視点で検討を加えますが、サプライヤー視点でアイデアを発想する方法があります。**特性（属性）列挙法**と呼ばれるアイデア発想法です。この発想法は、米国ネブラスカ大学のロバート・クロフォード氏によって考案されました。

現状の商品やサービスの特性、顧客・ユーザーの行動プロセスなどを細分化し、それぞれについて何か改善・改良の余地がないかを検討します。

検討は、何を細分化するのかを決めるところから始めます。

次に、意味ある形でできる限りの細分化を図ります。そのとき、名詞、動詞、形容詞の3つの品詞により表現できる特性や属性を考えましょう。

そのうえで、細分化された各領域において、何か足したり引いたり、変化させたり、あるいは置き換えたりできないかを議論していきます。

たとえば、ある商品の特性を細分化する場合、商品の物理的特性について、デザイン、大きさ、カラー、重さ、性能などと細分化します。また商品によって提供される価値や機能を細分化することができるかもしれません。商品を構成する要素や部材を細分化するのも有効です。

商品視点以外であれば、顧客の購買プロセスを細分化することもできますし、利用シーンの細分化なども可能です。

ポイントは、細分化した特性や属性を多角的に変化させてみること。ちょっとあり得ないと思うような変化であっても一度は検討してみてください。この点は、有名な３Ｍの「付箋」（ポストイット）の開発経緯を照らし合わせるとご理解いただけるかと思います。一見マイナスや欠点につながる変化と思えるようなことも、もしかしたら誰かの何かのメリットになる可能性が十分にあり得ます。

また、欠点列挙法や希望点列挙法とは異なり、最初からターゲットを強く意識する必要はありません。何かのプロセスや商品特性などの変化に検討視点を置くため、既存のビジネスや商品、サービスなどを対象としないアイデアの発想にも有効です。

119ページ

特性（属性）列挙法のフォーマット

検討テーマ			
特性・属性など			アイデア
対象とする 特性・属性は？	どのように 変える？	⇒	（誰にとって）何がどのように 変わる？　何がよくなる？
		⇒	
		⇒	
		⇒	
		⇒	
		⇒	

6 出てきたアイデアをうまく整理する方法

◉整理できないアイデアは切り捨てる

自由なスタイルでアイデアを発想する場合、アイデアは必ずしも同じ階層や水準、同じカテゴリーの範囲内で出てくるとは限りません。むしろ大きなバラつきをもって出てくるのが普通です。そんなとき、出てきたアイデアをただ眺めているだけでは、結局、アイデアの意味するところがよくわからなかったり、矛盾あるいは対立するアイデアをどう扱えばよいのかがわからなくなったりします。

このことは、ブレインストーミングのように自由な発想法であるほど顕著な問題として発生します。そのようなとき、**出てきたアイデアを適切に整理する方法として、①ツリー構造化、②ポジショニング配置、③フレームワーク割り当てなどが有効**です。

「ツリー構造化」とは、ツリー構造あるいはヒエラルキー構造で整理することによって、アイデアの全体像をその関係性とともに可視化していく方法です。出てきたアイデアの質やバランスのバラつきが大きい場合、この方法で、まず全体の構造化を図ります。その後、必要に応じてポジショニング配置やフレームワーク割り当てによって整理します。

「ポジショニング配置」とは、出てきたアイデアがある一定の階層水準で適当に揃っている場合、同一階層内で整理を試みるものです。この場合、平面での配置（ポジショニング）ですから、1軸、あるいは2軸によるマトリックス配置をイメージします。そして、この軸を、顧客や利用・購買シーン、商品・サービス、価格などに設定したうえで、そのカテゴリーにおける構成要素を軸要素として配置します。

「フレームワーク割り当て」とは、ツリー構造化やポジショニング配置とは異なり、検討の結果、ある程度のビジネスアイデアが見えてきている場合に適用する整理方法です。

ビジネスアイデアとして必要な構成要素をあらかじめフレームとして準備し、フレームひとつひとつへアイデアを当てはめていくスタイルで整理します。その際、フレームすべてが埋まらなくても問題ありません。おおむねビジネスアイデアとして共有できそうな水準であれば、不足している検討事項にフォーカスして、再度検討を重ねればよいだけです。

ツリー構造化、ポジショニング配置、フレームワーク割り当てのいずれを行っても、どこにも整理できないアイデアがあれば切り捨てます。

ここでは、このようなアイデアの整理方法として「グルーピング整理法」「セブンクロス法」「5W1H（7W3H）法」の3つを紹介します。

アイデア整理の基本３パターン

ツリー構造化

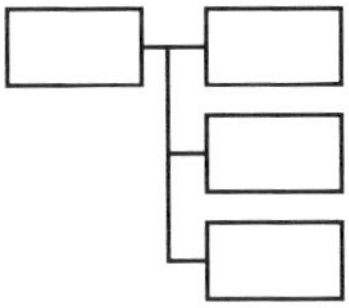

ポジショニング配置

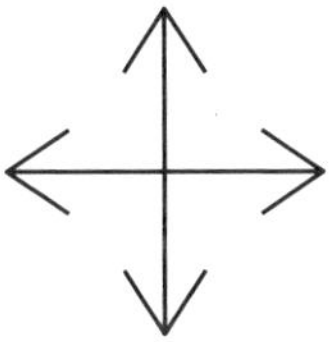

フレームワーク割り当て

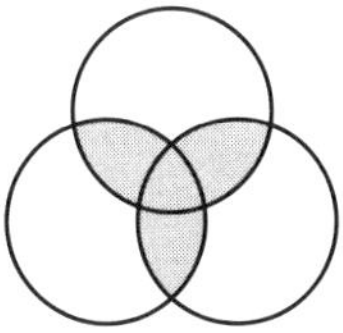

バラバラのアイデアを整理する「グルーピング整理法」

◉出てきたアイデアをまとめて俯瞰する

せっかくたくさん出てきたアイデアも、その水準にバラつきが大きいと、どのアイデアに注目すべきか、そもそもアイデア全体で何を意味しているのかなど、容易に理解することができません。また、とりあえず整理することから始めようとしても、それすら難しい場合も少なくありません。そのようなときには、アイデアのグループ分けと、その意味づけ・関係づけを行って整理していく**「グルーピング整理法」**を使います。

たとえば、ある集団に属する人たちのさまざまな特徴が数多く出ている場合の分類・整理を考えてみましょう。

まず「外見」「内面」「行動スタイル」などの大きなカテゴリーで分類します。それから、「外見」としてグルーピングされたものを、さらに「雰囲気」と「ファッション」に分け、さらに「ファッション」を「髪型」「服装」「靴」と分類していきます。このように階層的にグルーピング、分類を行うことで、多数の情報を俯瞰的に整理することができます。

ただしこれは、「ある集団に属する人たちのさまざまな特徴」という、あまりバラつきのない情報群（アイデア群）で、さまざまな特徴をどのように分類するのが最も適切なのかを経験値的に理解しているケースです。そもそもアイデア群のバラつきが大きい場合、どのように分類していけばよいかも判断できなくなることがしばしばです。

そこでグルーピング整理法では、この例とはまったく反対からのアプローチを行います。大きく分類して、徐々に細かくグルーピングしていくのではなく、小さなグルーピングからスタートし、徐々に全体像をまとめていくのです。

グルーピング整理法の最大のポイントは、その名の通りグルーピングにあります。このグルーピングが秀逸で、かつそのグループの性格やタイプ、本質を表すタイトルがつけられたら9割は成功。あとはでき上がってきたグループ間でどのような関係になっているかを考えてつないでいきます。

しかしながら、バラつきの大きなアイデアであるほど、グルーピングに悩んでしまいがちです。そのようなときは、名詞（名前や名称）、動詞（行動、スタイル）、形容詞（感情、状態）などを意識してみてください。とりわけ同一階層内においてこれを意識するだけで、グルーピングしやすくなるはずです。

また、出てきたアイデアのグルーピング、分類ばかりに意識が傾くと、アイデアの全体像を俯瞰することはできても、注目すべきアイデアを発見できる可能性は小さくなります。**最初はできるだけ先入観をもたずに直感、感覚でのグルーピングを意識してください。**そし

て、そのグループが意味するところは何か、これを多角的に考えることが注目すべきアイデア発見の第一歩となります。

さらに、とにかく突出したアイデアの発見を最優先としたいというときは、このような全体整理は無視して、あえて一見関係なさそうなアイデアのグルーピングを試行し、そのグループが示唆している意味が何かを検討してください。この場合、アイデア発散においても、あらかじめこれを意識して実施するとなおよいでしょう。

ちなみにこのグルーピング整理法は、「ＫＪ法」（川喜田研究所の登録商標）にヒントを得て、アイデアを階層的に整理するために応用したメソッドです。本来のＫＪ法は、出てきたアイデアの整理を重視するものではなく、むしろアイデア発想にポイントが置かれています。ＫＪ法はその本質を理解したうえで実際に使いこなすのは難易度が高いため、専門家に学ぶ必要があります。

とはいえ、ＫＪ法をアイデア整理のために応用することにも、それなりに利点がありま す。よくブレインストーミングとセットでＫＪ法が紹介されるのがその証左です。バラつきの大きなアイデア群を整理する方法として、一定の役割機能を果たすのです。

そこで本書では、ＫＪ法のエッセンスの一部を活用したアイデア整理法を「グルーピング整理法」とネーミングしたうえで、その方法を紹介します。

121ページ

グルーピング整理法のイメージ

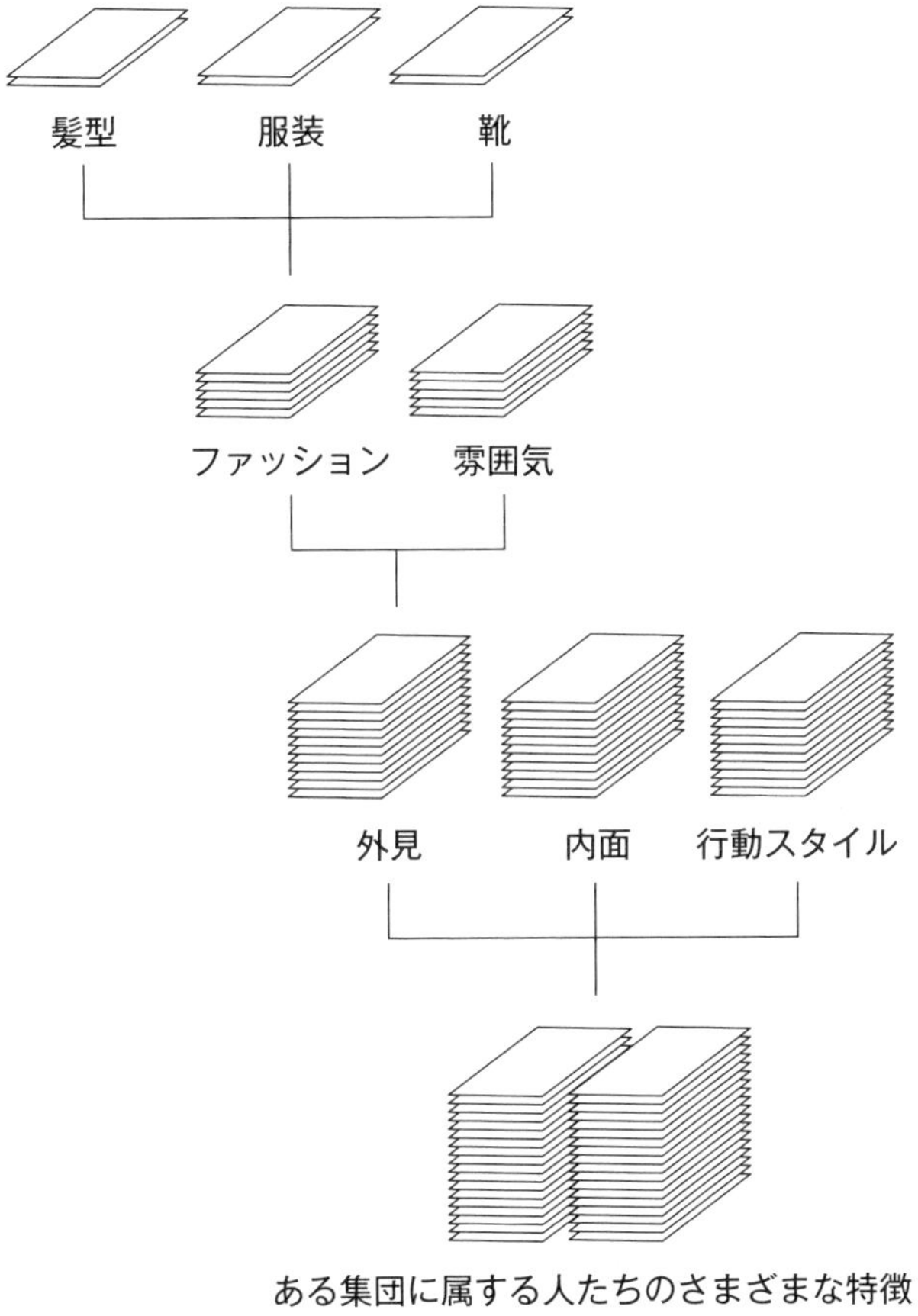

重要度に従ってアイデアを整理する「セブンクロス法」

◉重要なアイデアを「見える化」する

出てくるアイデアについて、**検討テーマを念頭に分類を行い、かつ各分類群のなかで重要度を評価する整理方法**があります。

7つの分類、7段階の重要度評価を行うことがスタンダードとなっているために、**セブンクロス法**といわれる整理法です。これは、アメリカのコンサルタントであるカール・グレゴリー氏によって考案されました。必ずしも7×7である必要はありませんが、7つ前後が適当です。

たとえば、「顧客」という軸を使った場合、次のように行います（左ページ参照）。

①顧客のタイプを7つに分類し、それらを重要な顧客ごとに左から右へ並べる。

②次に、各アイデアを各顧客への適合性などから分類、振り分けていく。

③さらに顧客タイプごとに、分類されたアイデアを7段階の重要度で評価分類し、上から下へと重要なアイデアを順に並べていく。

こうすることによって、表の左上のアイデアほど重要で、右下ほどどうでもよいアイデア

セブンクロス法の例：スマホニーズへのアイデアを整理する

検討テーマ：小中学生向けスマートフォンのスペックや機能など

分類 **軸**（小中学生を子にもつ母親がスマホに求めること　　）

〈重要度 大〉 ←――――→ 〈重要度 小〉

	分類１ **セキュリティ**	分類２ **価格**	分類３ **設定**	分類４ **アプリ**	分類５ **ハウジング**	分類６ **通話**	分類７ **サイズ**
重要度 **最高**	インターネットアクセス制限	月額固定の支払い	設定機能への制限機能	英会話の練習	落としても壊れにくい	連絡先への設定機能（親が登録）	軽量
重要度 **高**	即時、位置確認機能	利用料がとにかく安い	設定機能搭載制限（Webで設定）	パズルなど楽しく算数・数学を学ぶアプリ	丸みを帯びている（角がない）	一定時間で通話ダウン機能	コンパクト
重要度 **やや高**	緊急時ワンクリック接続	多少高くても長く使えるならOK		学ぶ意識のないまま学習			
重要度 **普通**	防犯ブザー付き			プログラミング			
重要度 **やや低**	課金不可設定						
重要度 **低**							
重要度 **最低**							

重要度が高い領域（分類１〜４ × 重要度 最高〜やや高）

であることを可視化できるわけです。

セブンクロス法の**実施ポイントは、どのような軸、切り口で分類するか**にあります。軸や切り口がテーマに対して最適でなければ、アイデアの整理方法としてうまく機能しません。軸の例としては、先のような顧客や事業者、プレイヤー、商品・サービスタイプや、チャネル、理由・背景、機能、部品など千差万別です。切り口については、原則として同一カテゴリーかつ同水準での分類が基本です。なぜならこれらの重要度を比較評価しなければならないためです。

こうしたことから、セブンクロス法は、出てきたアイデアをパッと見て、「何らかの基準で整理できそうだ」と感じる場合に適します。多くのアイデアが個別に分類できず、横断的になってしまうケースでは、分類の切り口を再考する必要があります。

このように、**セブンクロス法は、ひとつの方向性をもって、アイデア検討ができる発想法との親和性が高い整理方法**です。また整理のみならず、最初からこの分類×重要度によるマトリックスを作成しておき、分類軸に従ってアイデアの発散を行うこともできます（一種のマトリックス法です）。

123ページ

ビジネスモデルの骨格を整理する「5W1H（7W3H）法」

◉検討が不足している点を明らかにする

出てきたアイデアについて、フレームワーク的にアイデアを分類、整理していく方法のうち、５Ｗ１Ｈでフレーム配置するものを**5W1H法**といいます。

５Ｗ１Ｈとは、ビジネスアイデアのイメージ醸成、共有のために、押さえておきたい大切な要素項目を並べたものです。一般的にビジネスアイデアの検討における５Ｗ１Ｈは、次の通りです。

Who（誰に……ターゲット）
Why（なぜ、何のために……購買動機）
When（いつ……販売・提供時間、時期、期間）
Where（どこで……販売チャネル・ルート）
What（何を……商品・サービス、技術、価値）
How（どうやって……販売・提供方法、戦略）

この5W1Hに、次の2W2Hを加えて、**7W3H**のフレーム配置で詳細に整理してもよいでしょう。

Whom（誰に対して……ターゲットと異なる購入者）
When（いつ、どんなとき……利用シーン）
How Many（いくつ……販売数量）
How Much（いくらで……販売価格）

この整理方法のポイントのひとつは**設計するフレーム**にあります。

ビジネスモデルのイメージ化を促進し、加えてどのような点への検討が不足しているかを明らかにできるような形でフレーム配置する必要があります（P124参照）。

5W1H法や7W3H法のように詳細にフレームを設置することができればベターですが、出てきたアイデアの整理という視点においては必ずしもこのように詳細でなくてもかまいません。一時期、非常に注目されていたリーンキャンパスモデルなども、この亜種のような整理方法です

ただし、詳細なフレームの設計やアイデア整理への意識が強すぎると、ビジネスアイデアのキーエッセンスが見えにくくなっていきます。したがって、フレームの設計や、整理への意識はほどほどにし、ビジネスアイデアのキモ（エッセンス）を重視することを心がけてください。

もうひとつのポイントは、それぞれの項目（各ＷやＨ）の整合性がきちんととれているかどうかにあります。ひとつひとつの項目はきちんと整理できているけれども整合性がとれていないという場合、これはアイデアとして破綻しかねません（極端ですが、たとえば、富裕層がターゲット、革新的なロープライスの実現などの場合です）。

この整理方法の欠点は、アイデアを整理する段階で、ビジネスモデルの存在が前提となっていることです。アイデアの種レベルや、断片的レベルのアイデア整理には使えません。そのような場合には、無理に５Ｗ１Ｈによる整理を行わず、先にグルーピング整理法やセブンクロス法などで整理を行い、ビジネスモデルのイメージングを優先させましょう。

５Ｗ１Ｈ法は、マーケティング戦略のエッセンスそのものであるため、どちらかといえば、ビジネスの種を探索、検討する初期のアイデア検討よりも、ビジネスモデルとして具体的に企画していく段階で使う整理の方法といえます。

125ページ

どんなとき、どの発想法を使うか②

収束プロセスにおけるアイデア発想法の選択基準

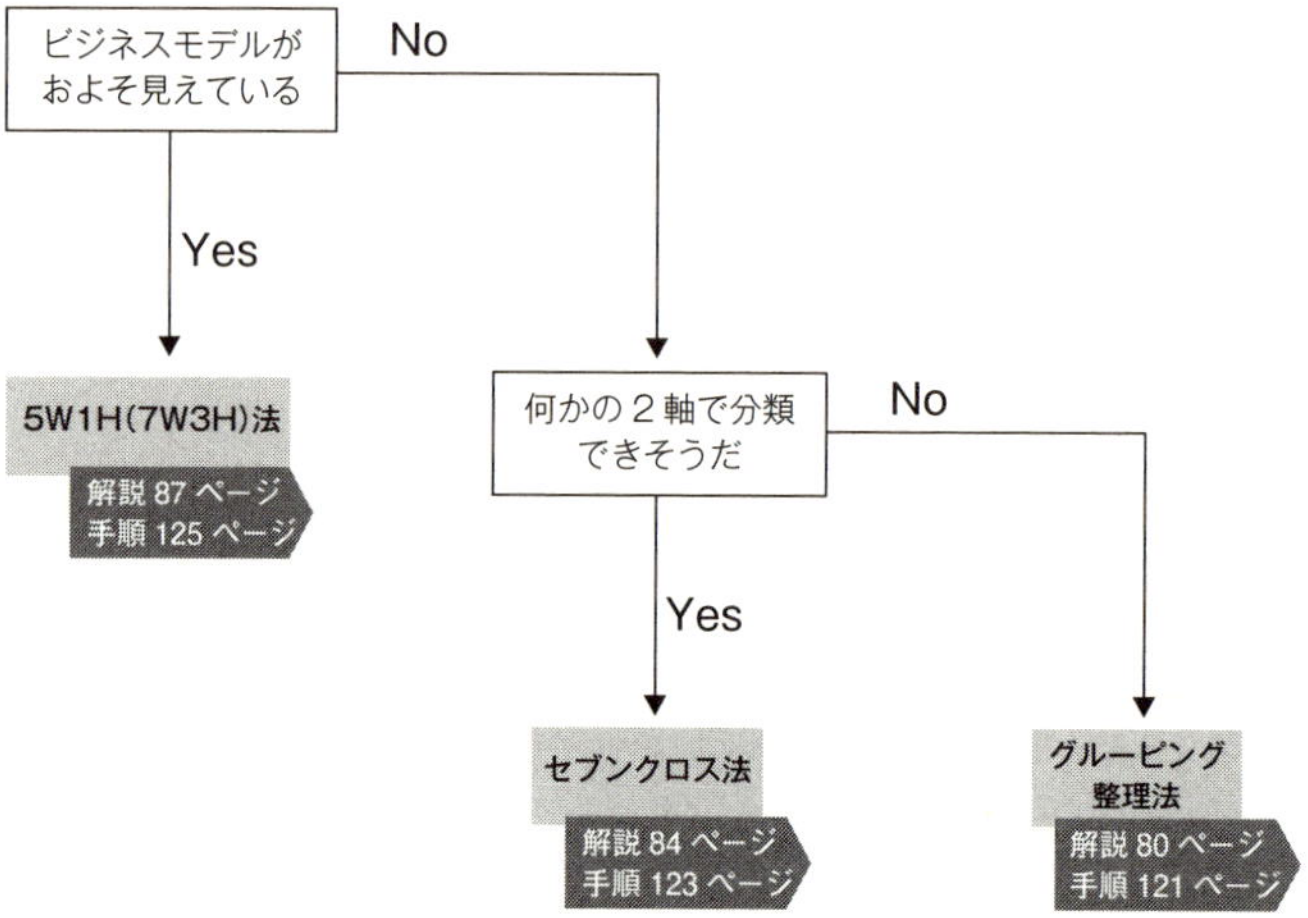

どんなとき、どの発想法を使うか①

発散プロセスにおけるアイデア発想法の選択基準

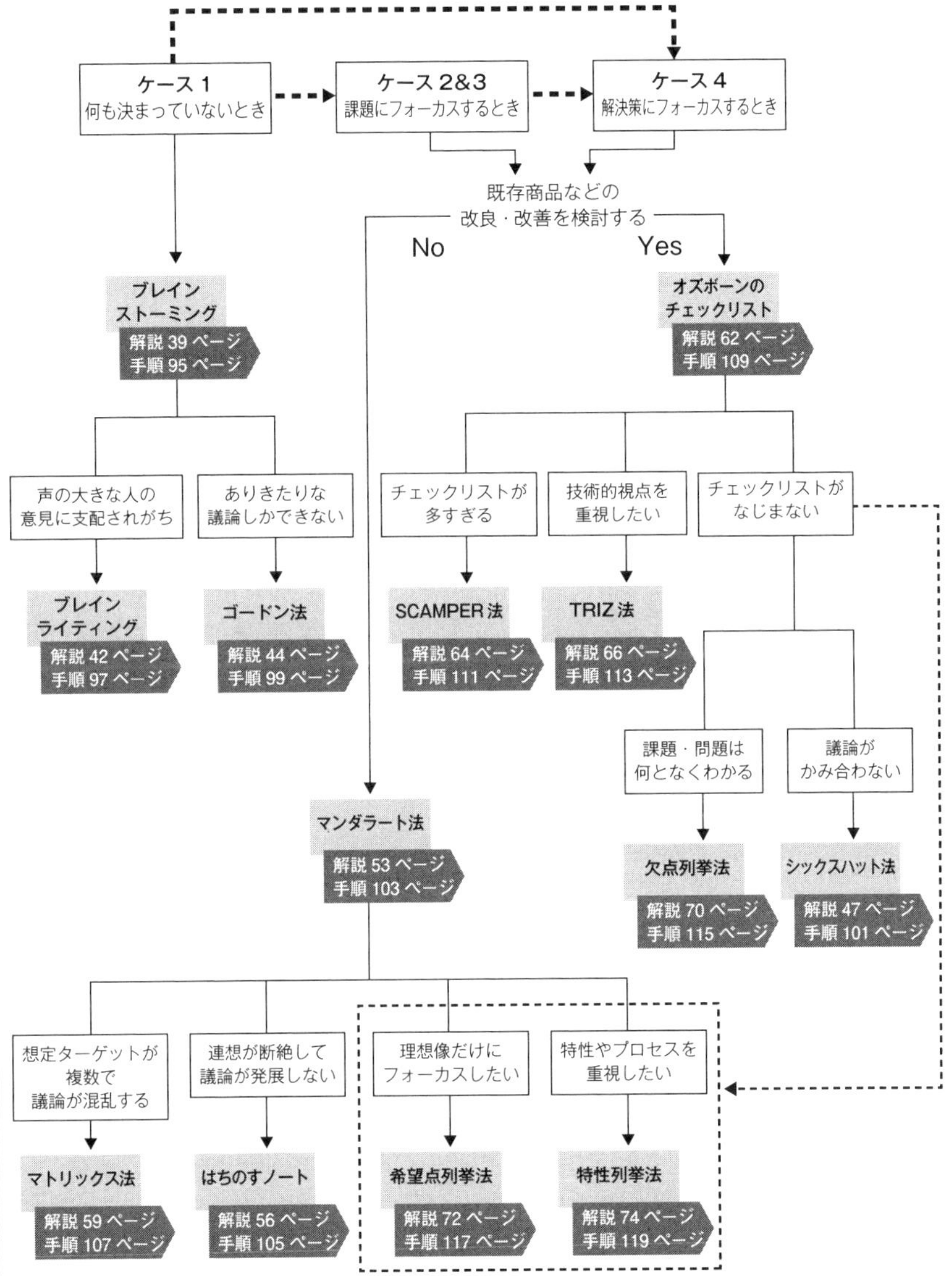

第3部

アイデア発想の手順と活用フォーマット

（特定のフォーマットはない）

出てきたアイデアはホワイトボードに列挙していくか、1アイデアを1枚の付箋に記入してその付箋をホワイトボードや部屋の壁に貼り付けていく。

発想法その①　ブレインストーミング

アイデア発想の手順

手順1 開催準備	・3、4名～最大10名程度の参加者を募る（少数のほうが同じ方向での検討が行いやすい反面、多数のほうが意見の多様性が期待できる）。 ・場所を確保し、配布資料など準備物があれば、あらかじめ用意しておく。 ・（場合によっては）参加者への開催テーマの告知、事前検討の依頼なども実施する。
手順2 事前説明	・冒頭、集まった参加者に、①開催趣旨、②検討テーマ、③検討方法、④検討ルールについて説明し、⑤司会・書記などを紹介する。 ・とくに検討テーマについては、参加者全員が意識・認識を共有できるように、シンプルかつ適度に絞り込んでおく。 ・検討に際してのルールは、ブレストに不慣れな参加者を中心に周知徹底しておく。
手順3 アイデア検討の実行（アイデア・意見の発散）	・事前に設定した検討方法・ルールに従って、自由にアイデア・意見出しを行う。 ・開催時間はケースバイケースだが、集中力から考えると最大2時間程度が妥当（それ以上必要な場合は別途開催として、検討テーマの絞り込みが甘くないかどうかチェックする）。 ・出てきたアイデアはホワイトボードや付箋にメモ書きする。 ・メモ書きのポイントは、あとで整理しやすいように、短文、1センテンス、1要素で、端的かつ的確に主旨・意図を記す。
手順4 アイデアの整理・評価（アイデア・意見の収束）	・出てきたアイデア・意見を整理し、評価する。 ・十分なアイデア・意見が出そろった時点で終了となるが、そうでない場合は一定の整理・評価を行ったうえで、それをベースにアイデア・意見を発展させる。もしくは別の切り口による検討を開催することで対応する（必要に応じて手順3と4を何度か繰り返す）。

そのまま使えるフォーマット

検討テーマ：

	アイデア	備考
1		
2		
3		
4		
5		
6		
7		
8		
9		
10		
11		
12		
13		
14		
15		
16		
17		
18		
19		
20		

この用紙を参加人数分用意して、各自に配布。時間を細かく区切って、時計回りなど順送りに用紙を回しながら、用紙の上から下へアイデアを記載していく。
※前の人が書いたアイデアを参考にして、新しいアイデアを出していくのがポイント。

発想法その②　ブレインライティング

アイデア発想の手順

手順１ 開催準備	・3、4名～最大10名程度の参加者を募る（少数のほうが同じ方向での検討が行いやすい反面、多数のほうが意見の多様性が期待できる）。 ・場所を確保し、配布資料など準備物があれば、あらかじめ用意しておく。 ・（場合によっては）参加者への開催テーマの告知、事前検討の依頼なども実施する。
手順２ 事前説明	・冒頭、集まった参加者に、①開催趣旨、②検討テーマ、③検討方法、④検討ルールについて説明し、⑤司会・書記などを紹介する。 ・とくに検討テーマについては、参加者全員が意識・認識を共有できるように、シンプルかつ適度にフォーカスしておく。 ・検討に際してのルールは、ブレインライティングに不慣れな参加者を中心に周知徹底しておく。
手順３ アイデア検討の実行（アイデア・意見の発散）	・事前に設定した検討方法・ルールに従って、自由にアイデア・意見出しを行う。 ・参加人数分用意した用紙にアイデアを書き込んでいく方法をとる。 ・この際、１回の検討時間を「５分間」などあらかじめ決めておき、その時間内にアイデアを強制的に書かせるようにする。 ・制限時間になったら、それぞれ隣席へ用紙を回し、手元に回ってきた他人のアイデア記載用紙を使って再びアイデアを検討、書き込んでいく。 ・これを繰り返すことでアイデアの発散を行う（他人のアイデアを参考に便乗して検討していく）。 ・実施時間はケースバイケースだが、集中力から考えると１時間～1.5時間程度以内が好ましい。
手順４ アイデアの整理・評価（アイデア・意見の収束）	・ブレインライティングにより出てきたアイデア・意見を整理し、評価する。 ・十分なアイデア・意見が出そろったら終了となるが、そうでない場合は一定の整理・評価を行ったうえで、それをベースにアイデア・意見を発展させる。もしくは別の切り口による検討を開催することで対応する（必要に応じて手順３と４を何度か繰り返す）。 ・ブレインストーミングを併用する場合は、記入されたアイデアをベースに話し合い、さらにアイデアの発散を図る。

（特定のフォーマットはない）

ゴードン法の進め方はブレインストーミングと同じ。テーマ設定の仕方が異なる。
出てきたアイデアはホワイトボードに列挙していくか、1アイデアを1枚の付箋に記入してその付箋をホワイトボードや部屋の壁に貼り付けていく。

発想法その③　ゴードン法

アイデア発想の手順

手順１

開催準備

・3、４名～最大 10 名程度の参加者を募る（少数のほうが同じ方向での検討が行いやすい反面、多数のほうが意見の多様性が期待できる）。
・場所を確保し、配布資料など準備物があれば、あらかじめ用意しておく。
・（場合によっては）参加者への開催テーマの告知、事前検討の依頼なども実施する。

↓

手順２

事前説明

・冒頭、集まった参加者に、①開催趣旨、②検討テーマ、③検討方法、④検討ルールについて説明し、⑤司会・書記などを紹介する。
・とくに検討テーマについては、参加者全員が意識・認識を共有できるように、シンプルかつ適度に絞り込み、アイデアの本質をつくように設定しておく。
・検討に際してのルールは、ブレインストーミングに不慣れな参加者を中心に周知徹底しておく。

↓

手順３

アイデア検討の実行（アイデア・意見の発散）

・事前に設定した検討方法・ルールに従って、自由にアイデア・意見出しを行う。
・開催時間はケースバイケースだが、集中力から考えると最大２時間程度が妥当（それ以上必要な場合は別途開催として、検討テーマの絞り込みが甘くないかどうかチェックする）。
・出てきたアイデアはホワイトボードや付箋にメモ書きする。
・メモ書きのポイントは、あとで整理しやすいように、短文、１センテンス、１要素で、端的かつ的確に主旨・意図を記す。

↓

手順４

アイデアの整理・評価（アイデア・意見の収束）

・出てきたアイデア・意見を整理し、評価する。
・十分なアイデア・意見が出そろったら終了となるが、そうでない場合は一定の整理・評価を行ったうえで、それをベースにアイデア・意見を発展させる。もしくは別の切口による検討を開催することで対応する（必要に応じて手順３と４を何度か繰り返す）。
・ひと通りの検討を終えたあと、本質的なテーマを開示し、出てきたアイデアと本質的なテーマを融合させるようなアイデア検討を行う。

そのまま使えるフォーマット

青 検討テーマ

白 事実、客観的データ

黄 長所、肯定的意見

黒 短所、否定的意見

↓ もっとよい点を活かせないか？

↓ 悪い点を是正する方法はないか？

緑 代替案、アイデア創造

赤 好き嫌い

発想法その④　シックスハット法

アイデア発想の手順

手順１
開催準備

・2、3名～最大10名程度の参加者を募る（ある程度多数のほうが意見の多様性が期待できるが、1名でも実施可能）。
・場所を確保し、6色の帽子や配布資料などの準備物を用意しておく。
・（場合によっては）参加者への開催テーマの告知、事前検討の依頼なども実施する。

↓

手順２
事前説明

・冒頭、集まった参加者に、①開催趣旨、②検討テーマ、③検討方法、④検討ルールについて説明し、⑤司会・書記を紹介する。
・とくに検討方法については丁寧に説明し、合意を得る（検討中も随時確認）。

↓

手順３
アイデア検討の実行（アイデア・意見の発散）

・青→白→黄→黒→緑→赤の順に検討を進める（アレンジOK）。色（検討視点）を認識して全員が同じ視点・方向性によって検討を行う。
・すべてのプロセスについて同程度の時間を設定する必要はなく、事実確認などのステージとなる前半はやや短めに、アイデアの検討などを行う後半はやや長めに設定してもよい。
・状況次第では、いずれかのプロセスを省略したり、繰り返したりしてもよい（あくまでも全員が同じ視点、方向性で検討さえすればいい）。

↓

手順４
アイデアの整理・評価（アイデア・意見の収束）

・シックスハット法はある程度絞り込まれたテーマに関する検討が主体なので、改めて整理する必要はない。
・以後は、基本的に「緑」の代替案などのアイデアを評価、採用していくようなスタイルで検討を進める（その際、他の色の意見やアイデアとの整合性などを確認する）。

そのまま使えるフォーマット

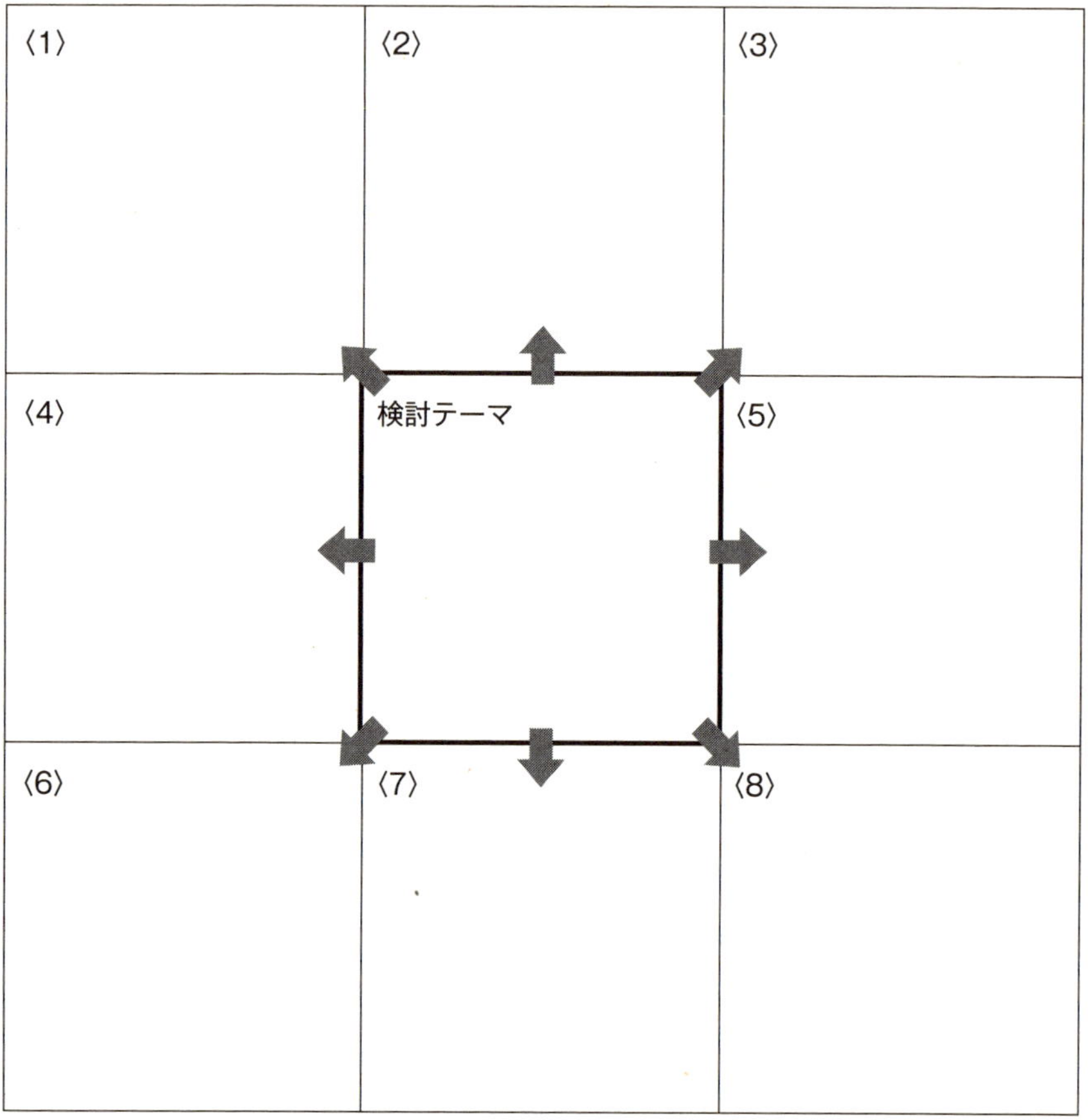

①真ん中のマスに検討するテーマを記入（キーワードなど、できるだけシンプルな表現で。文章は不可）。

②周辺８マスすべてに、真ん中に記入されたキーワードから連想されるアイデアをキーワードで埋めていく。

③②で出てきた８つのキーワードを真ん中に置いて検討する（必要に応じて、これを１～３回繰り返す）。

※ツールとして Apple の iOS（iPhone、iPad）でアプリが用意されている。

発想法その⑤　マンダラート法

アイデア発想の手順

手順１ 開催準備	・とくに人数は問わないが、3、４名～最大 10 名程度の参加者を募る（少数だと同じ方向での検討が行いやすい。多数の場合は意見の多様性が期待できる）。 ・場所を確保し、用紙やホワイトボードなどを準備しておく。 ・（場合によっては）参加者への開催テーマの告知、事前検討の依頼も実施する。
手順２ 事前説明	・冒頭、集まった参加者に、①開催趣旨、②検討テーマ、③検討方法、④検討ルールについて説明し、⑤司会・書記を紹介する。 ・とくに検討テーマについては、参加者全員が意識・認識を共有できるように、可能な限りシンプルかつ具体的に絞り込んでおく。
手順３ アイデア検討の実行（アイデア・意見の発散）	・マスの真ん中に設定した検討テーマを記入、そこから連想するアイデア、キーワードなどを周辺の８マスに埋めていく。 ・連想のよしあしなどあまり深く考えず（議論せず）、とにかく頭に浮かんだアイデアやキーワードを発言、埋めていくことにひたすら専念する（8マスすべてを埋めるまでやめない）。 ・８マスすべてが埋まれば、そこに記載されたアイデア、キーワードを次の検討テーマとして同じ検討を繰り返す。 ・繰り返す回数は任意。最初の８マスに挙がったアイデア、キーワードについてすべて検討すれば、8×（1+8）の 72 アイデア、キーワードが出てくる。
手順４ アイデアの整理・評価（アイデア・意見の収束）	・出てきたアイデア・意見を整理し、評価する。 ・十分なアイデア・意見が出そろったら終了となるが、そうでない場合は一定の整理・評価を行ったうえで、それをベースにアイデア・意見を発展させる、もしくは別の切り口による検討を行うことで対応する（必要に応じて手順３と４を何度か繰り返す）。

そのまま使えるフォーマット

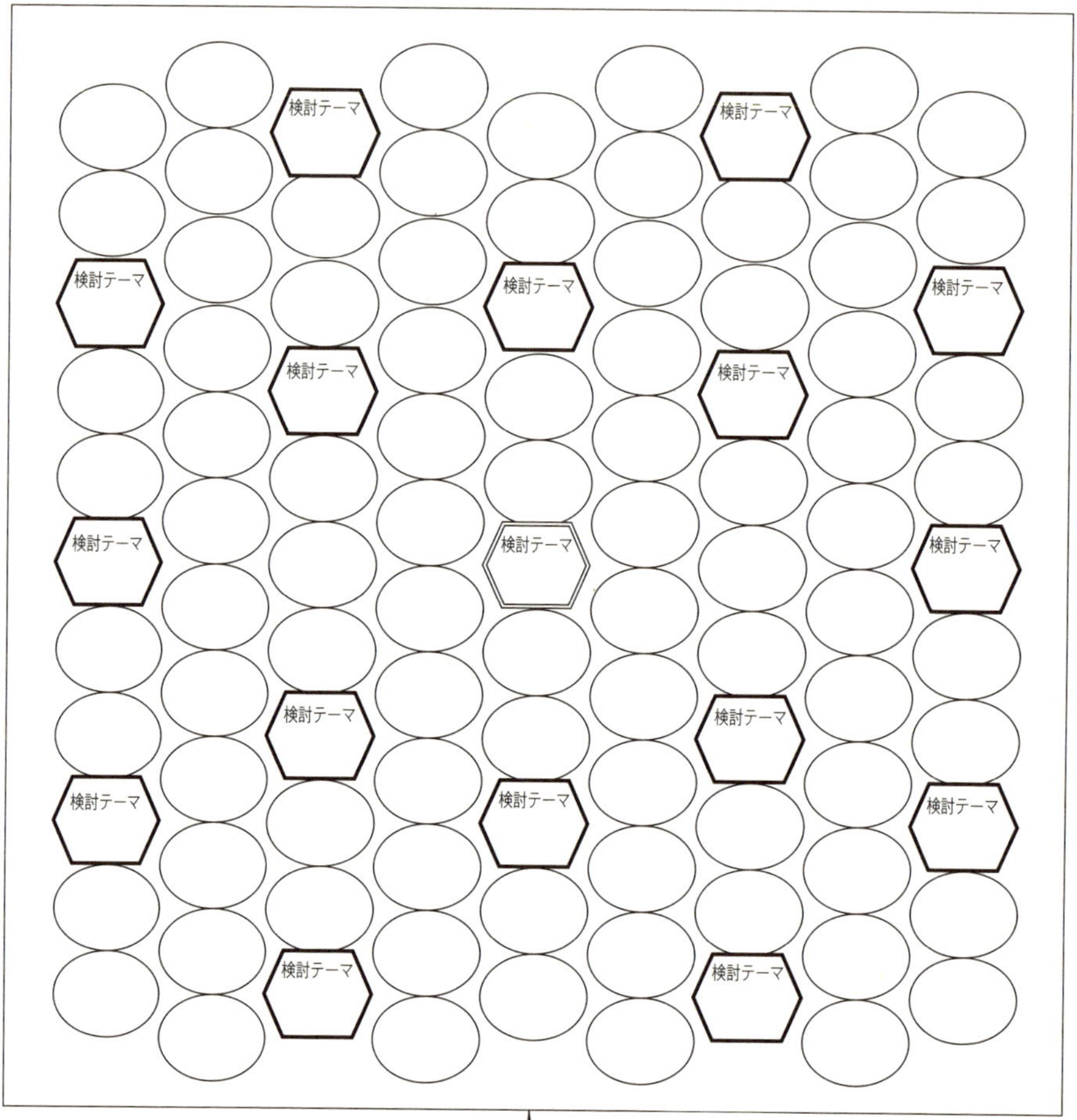

①中心あたりの六角形のマスに最初の検討テーマを記載し、その周辺に想起、イメージされるキーワードやアイデアなどを記載。これをひたすら繰り返す。

②そのなかで、重要と思えるキーワードが出てきたら近辺の六角形へ記入してそこからアイデア検討を展開していく。

※あまり深く考えず、途切れなく繰り返しアイデア、イメージを検討し続けていくことがポイント（検討がいずれかの方向へ偏重してもOK）。

発想法その⑥　はちのすノート

アイデア発想の手順

手順１ 開催準備	・とくに人数は問わないが、3、4 名～最大 10 名程度の参加者を募る（少数だと同じ方向での検討が行いやすい。多数の場合は意見の多様性が期待できる）。検討するテーマがかなり具体的になっていれば、1、2名で実施してもそれなりに効果が期待できる。 ・場所を確保し、用紙やホワイトボードなどを準備しておく。 ・（場合によっては）参加者への開催テーマの告知、事前検討の依頼なども実施する。
手順２ 事前説明	・冒頭、集まった参加者に、①開催趣旨、②検討テーマ、③検討方法、④検討ルールについて説明し、⑤司会・書記を紹介する。 ・とくに検討テーマについては、参加者全員が意識・認識を共有できるように、可能な限りシンプルかつ具体的に絞り込んでおく。
手順３ アイデア検討の実行（アイデア・意見の発散）	・最初に中央の六角形のマスに検討テーマを記入し、そこから連想するアイデアやキーワードを周辺のマスに書き込んでいく（深く考えずとにかく頭に浮かんだアイデア、キーワードを書き出すことが重要）。 ・出てきたアイデアから連想されるアイデア、キーワードはそのアイデアの周辺に記載していく（アイデア発想の方向性は均等でなく、いずれかの方向に偏ってもOK）。 ・そのなかで、「これは！」というアイデア、キーワードが出てきたら、一番近い六角形のマスにそれを記入し、そこから再びアイデアを発展させていく。 ・設定した時間（集中力から考えると２時間以内が好ましい）、もしくはよいアイデアが出るまで続ける。
手順４ アイデアの整理・評価（アイデア・意見の収束）	・出てきたアイデア・意見を整理し、評価する。 ・十分なアイデア・意見が出そろったら終了となるが、そうでない場合は一定の整理・評価を行ったうえで、それをベースにアイデア・意見を発展させる、もしくは別の切り口による検討を行うことで対応する（必要に応じて手順３と４を何度か繰り返す）。

そのまま使えるフォーマット

検討テーマ：						
		軸1（　　）				
		セグメント1	セグメント2	セグメント3	セグメント4	セグメント5
軸2（　　）	セグメント1					
	セグメント2					
	セグメント3					
	セグメント4					
	セグメント5					

①検討すべき軸／テーマを書き込み、それぞれのセグメントテーマを記入する（上記は5×5のフレームだが任意の数にアレンジ可能）。

②すべてを埋める必要はないが、設置したセグメントテーマがクロスする範囲において、順次アイデアを検討する（上記の場合は5×5の25カ所のアイデア検討を実施）。

※縦横の軸およびそのセグメントテーマの設定が最大のポイント（検討に有効な設定である必要はあるが、できるだけ関連性のない軸の組み合わせを考えるとよい）。

発想法その⑦　マトリックス法

アイデア発想の手順

手順１ 開催準備	・とくに人数は問わないが、3、４名～最大 10 名程度の参加者を募る（少数だと同じ方向での検討が行いやすい。多数の場合は意見の多様性が期待できる）。 ・場所を確保し、用紙やホワイトボードなどを準備しておく。 ・（場合によっては）参加者への開催テーマの告知、事前検討の依頼なども実施する。
手順２ 事前説明	・冒頭、集まった参加者に、①開催趣旨、②検討テーマ、③検討方法、④検討ルールについて説明し、⑤司会・書記を紹介する。 ・とくに検討テーマについては、参加者全員が意識・認識を共有できるように、可能な限りシンプルかつ具体的に絞り込んでおく。
手順３ 検討軸の設定	・最初に、検討テーマにふさわしい軸の内容を検討し、設定する。 ・検討テーマを踏まえて、可能性ある軸の内容の候補をできるかぎり洗い出す（ターゲット、顧客の利用シーンや業務プロセス、商品タイプ･機能･構造・属性、購入手段、価格帯など）。 ・次に、抽出した候補についてタイプ分類し、最適な２つの組み合わせを決定する。 ・複数の最適な組み合わせが考えられる場合には、優先順位をつけて順番に検討を行う。
手順４ アイデア検討の実行（アイデア･意見の発散）	・決定した縦横の検討軸へカテゴリー／タイプを検討して書き込む。 ・横軸のクロスするマスごとにアイデアを検討する（ターゲット×利用シーンなら、ターゲットの何か×利用シーンの何かごとにアイデア検討）。 ・すべてのマスについて一通り検討する必要はあるが、アイデアが出ない場合はブランクのままでもＯＫとする。 ・ただし、あまりにもブランクが多い場合は、軸設定に問題がある可能性があり、異なる組み合わせの軸設定を再考したほうがよい。
手順５ アイデアの整理･評価（アイデア･意見の収束）	・基本的にはマトリックス上に並んだアイデアを見て、注目すべきものを特定していく（単一のマスだけでなく、縦軸、横軸などを切り口にアイデアを評価していくスタイルでもＯＫ）。 ・場合によっては並んだアイデアを再度、グルーピング整理法などで整理して評価してもよい。 ・軸のテーマ設定の組み合わせが複数ある場合は手順４と５を繰り返して実行する（それでもうまくいかない場合は、手順３からやり直す）。

そのまま使えるフォーマット

検討テーマ：

転用 ほかに使い道は？ 新しい用途は？　など	拡大 大きくしたら？ 加えたら？　など	再編成 順序・配置、因果、組み合わせ などを変えられないか？　など
応用 アイデアをもってこられないか？ 近似・類似のものは？　など	縮小 小さくしたら？ 減らしたら？　など	逆転 逆・反対・反転・反比例では？ 前後、左右入れ替えると？　など
変更 何かを変えられないか？　など （色、形、使い方、重さなど）	代用 ほかでの置き換えは？ ほかのヒト・場所では？　など	結合 組み合わせると？ 合体・統合すると？　など

９つの視点からアイデアを検討していく（サブリストは任意に追加・変更可能）。

包括的・抽象的ではなく、具体的・個別的なアイデア検討を行うことが最大のポイント（出てきたアイデアをこの時点で統合しようとしないことが重要）。

発想法その⑧　オズボーンのチェックリスト

アイデア発想の手順

手順１ 開催準備	・２、３名～最大 10 名程度の参加者を募る（ある程度多数のほうが意見の多様性が期待できるが、１人でも実施可能）。検討するテーマがかなり具体的になっていれば、１、２名で実施してもそれなりに効果が期待できる。 ・場所を確保し、用紙やホワイトボードなどを準備しておく。 ・（場合によっては）参加者への開催テーマの告知、事前検討の依頼なども実施する。
手順２ 事前説明	・冒頭、集まった参加者に、①開催趣旨、②検討テーマ、③検討方法、④検討ルールについて説明し、⑤司会・書記を紹介する。 ・とくに検討テーマについては、検討中もつねにチェックリストを参加者全員が容易に視認できるようにしておく。
手順３ アイデア検討の実行（アイデア・意見の発散）	・オズボーンのチェックリストに基づいてアイデアを検討する（必ずしも全リストを網羅する必要はない）。 ・チェックリストは、思いつくままに活用してもよいし、ひとつひとつ順に検討を実施してもよい（最初は無作為に実行し、ある程度意見が出尽くした段階で、リストを指定して再度検討するパターンもある）。 ・出てきたアイデアはホワイトボードや付箋にメモ書きして、検討中もみんなが見られるようにしておく（メモ書きのポイントは、あとで整理しやすいように、短文、１センテンス、１要素で、端的かつ的確に主旨・意図を記す）。 ・開催時間はとくに決まりはないが、集中力から考えると最大２時間程度が妥当。
手順４ アイデアの整理・評価（アイデア・意見の収束）	・ブレストなどとは異なり、具体的な目的をもつアイデア出しであるため、整理はそれほど必要なく、出てきたアイデアから注目すべきアイデアを特定するだけでもよい。 ・最初からあまりアイデアの統合を図るべきではなく、できるだけ個別、詳細、フォーカスされたアイデアであることが望ましい（ついつい複数名の意見を取り入れるためにアイデアの統合を行いがちだが、これはアイデアのよさ、鋭さを削ぐ行為で、結果としてありふれたアイデアになりかねない）。

そのまま使えるフォーマット

検討テーマ：		
Substitute/ 代用	置き換えできないか？	
	代用品はないか？	
	他の場所ではどうか？	
	他の人ではどうか？	
Combine/ 結合	組み合わせることはできないか？	
	結びつけることはできないか？	
	合体・統合させることはできないか？	
Adapt/ 応用	他のアイデアを使えないか？	
	過去のアイデアを使えないか？	
	近似・類似のものを応用できないか？	
Modify/ 変更	色や形を変えられないか？	
	大きく（小さく）できないか？	
	重く（軽く）できないか？	
	意味を変えられないか？	
	匂いを変えられないか？	
Put other purposes/ 他の用途	他の使い道はないか？	
	他の目的に使えないか？	
Eliminate/ 削減	余計なものを削れないか？	
	何かを取り除けないか？	
Reverse・Rearrange/ 逆転・再編成	逆・反転できないか？	
	入れ替えることはできないか？	
	順序・配置を変えられないか？	
	要素・因果関係の入れ替えはできないか？	

発想法その⑨　SCAMPER法

アイデア発想の手順

手順	内容
手順１ 開催準備	・２、３名～最大10名程度の参加者を募る（ある程度多数のほうが意見の多様性が期待できるが、１人でも実施可能）。検討するテーマがかなり具体的になっていれば、１～２名で実施してもそれなりに効果が期待できる。 ・場所を確保し、用紙やホワイトボードなどを準備しておく。 ・（場合によっては）参加者への開催テーマの告知、事前検討の依頼なども実施する。
手順２ 事前説明	・冒頭、集まった参加者に、①開催趣旨、②検討テーマ、③検討方法、④検討ルールについて説明し、⑤司会・書記を紹介する。 ・とくに検討テーマについては、検討中もつねにチェックリストを参加者全員が容易に視認できるようにしておく。
手順３ アイデア検討の実行（アイデア・意見の発散）	・SCAMPERのチェックリストに基づいてアイデアを検討する（必ずしも全リストを網羅する必要はない）。 ・チェックリストは、思いつくままに活用してもよいし、ひとつひとつ順に検討を実施してもよい（最初は無作為に実行し、ある程度意見が出尽くした段階で、リストを指定して再度検討するパターンもある）。 ・出てきたアイデアはホワイトボードや付箋にメモ書きして、検討中もみんなが見られるようにしておく（メモ書きのポイントは、あとで整理しやすいように、短文、１センテンス、１要素で、端的かつ的確に主旨・意図を記す）。 ・開催時間はとくに決まりはないが、集中力から考えると最大２時間程度が妥当。
手順４ アイデアの整理・評価（アイデア・意見の収束）	・ブレストなどとは異なり、具体的な目的をもつアイデア出しであるため、整理はそれほど必要なく、出てきたアイデアから注目すべきアイデアを特定するだけでもよい。 ・最初からあまりアイデアの統合を図るべきではなく、できるだけ個別、詳細、フォーカスされたアイデアであることが望ましい（ついつい複数名の意見を取り入れるためにアイデアの統合を行いがちだが、これはアイデアのよさ、鋭さを削ぐ行為で、結果としてありふれたアイデアになりかねない）。

そのまま使えるフォーマット

検討テーマ：	
分割する	
切り離す	
一部の質を変える	
調和を乱す	
組み合わせる	
汎用的にする	
組み込む	
バランスをとる	
反作用をうまく使う	
予測して対応する	
事前に保護する	
同じ高さにする	
逆転させる	
回転させる	
可変性を考える	
一部を解決する、あるいは大まかに解決する	
次元を変える	
振動させる	
繰り返す	
連続させる	
高速化する	
悪いところによい何かを見つける	
フィードバックする	
仲介する	
自ら行わせる	
コピーする	
短寿命だが安価なものを大量に使う	
触れずに動かす	
水や空気の流れを使う	
自由度の高い薄い膜を使う	
吸収する素材を使う	
色を変える	
均質にする	
排出をなくす／排出物を利用する	
パラメーターを変える	
固体・液体・気体を変化させる	
熱で膨らませる	
濃度を上げる	
反応しないものを使う	
組み合わせの構造を考える	

発想法その⑩　TRIZ法

アイデア発想の手順

手順１ 開催準備	・２、３名～最大10名程度の参加者を募る（ある程度多数のほうが意見の多様性が期待できるが、１人でも実施可能）。検討するテーマがかなり具体的になっていれば、1、２名で実施してもそれなりに効果が期待できる。 ・場所を確保し、用紙やホワイトボードなどを準備しておく。 ・（場合によっては）参加者への開催テーマの告知、事前検討の依頼なども実施する。
手順２ 事前説明	・冒頭、集まった参加者に、①開催趣旨、②検討テーマ、③検討方法、④検討ルールについて説明し、⑤司会・書記を紹介する。 ・とくに検討テーマについては、検討中もつねに原理リストを参加者全員が容易に視認できるようにしておく。 ・加えて、パターン原理だけではアイデア発想をしづらいので、補足的に問いかけリスト (サブリスト) などを用意しておくと効果的。
手順３ アイデア検討の実行（アイデア・意見の発散）	・TRIZリスト（パターン原理）に基づいてアイデアを検討する（必ずしも全リストを網羅する必要はない）。 ・チェックリストは、思いつくままに活用してもよいし、ひとつひとつ順に検討を実施してもよい（最初は無作為に実行し、ある程度意見が出尽くした段階で、リストを指定して再度検討するパターンもある）。 ・出てきたアイデアはホワイトボードや付箋にメモ書きして、検討中もみんなが見られるようにしておく（メモ書きのポイントは、あとで整理しやすいように、短文、１センテンス、１要素で、端的かつ的確に主旨・意図を記す）。 ・開催時間はとくに決まりはないが、集中力から考えると最大２時間程度が妥当。
手順４ アイデアの整理・評価（アイデア・意見の収束）	・ブレストなどとは異なり、具体的な目的をもつアイデア出しであるため、整理はそれほど必要なく、出てきたアイデアから注目すべきアイデアを特定するだけでもよい。 ・最初からあまりアイデアの統合を図るべきではなく、できるだけ個別、詳細、フォーカスされたアイデアであることが望ましい（ついつい複数名の意見を取り入れるためにアイデアの統合を行いがちだが、これはアイデアのよさ、鋭さを削ぐ行為で、結果としてありふれたアイデアになりかねない）。

そのまま使えるフォーマット

検討テーマ：			
欠点（短所・デメリット）			解決法（アイデア）
誰にとって？	どんな短所・デメリット？	⇒	それを解決するアイデアは？
		⇒	
		⇒	
		⇒	
		⇒	
		⇒	
		⇒	
		⇒	
		⇒	
		⇒	

①検討テーマについて、最初に欠点などを抽出整理する（包括的な内容はできるだけ具体化・細分化しておく）。

②各欠点などについての解決アイデアを検討していく（アイデア抽出可能なものだけでOK）。

※包括的・抽象的ではなく、具体的・個別的な欠点などの整理、アイデア検討を行うことが最大のポイント。

発想法その⑪　欠点列挙法

アイデア発想の手順

手順１ 開催準備	・２、３名～最大 10 名程度の参加者を募る（ある程度多数のほうが意見の多様性が期待できるが、１人でも実施可能）。 ・場所を確保し、用紙やホワイトボードなどを準備しておく。 ・（場合によっては）参加者への開催テーマの告知、事前検討の依頼なども実施する。
手順２ 事前説明	・冒頭、集まった参加者に、①開催趣旨、②検討テーマ、③検討方法、④検討ルールについて説明し、⑤司会・書記を紹介する。
手順３ 欠点などの抽出・整理	・検討テーマについての欠点や短所、デメリットなどを検討、整理していく。 ・その際、質は問わないが、できるだけ具体的なほうがよい（何かを包括した内容は、できるだけいくつかの具体的な欠点や短所に細分化して整理しておく）。
手順４ アイデア検討の実行（アイデア・意見の発散）	・抽出、整理した欠点、短所、デメリットなどそれぞれについての解決策を検討、アイデアを整理していく。 ・その際、すべての欠点、短所、デメリットに解決策が必ずしも入らなくてもＯＫ（検討しやすいもの、検討可能なものだけ解決策を出していけばよいが、抽出、整理した欠点などはすべて検討する）。 ・解決策については最初からその質を問うことはしないが、具体的な解決策が望ましい（具体的な欠点などに対する具体的解決アイデアのイメージ）。
手順５ アイデアの整理・評価（アイデア・意見の収束）	・場合によっては解決策を整理して評価してもよいが、特定の欠点などへの解決策についてのアイデア評価が重要であるため、とくに出てきたアイデアを整理する必要はない。 ・むしろ包括的な解決アイデアよりも、具体的なアイデアを評価するほうが望ましい（何がポイントなのかが明確になるアイデアほど好ましい）。

そのまま使えるフォーマット

検討テーマ：			
希望点・理想像			実現法(アイデア)
誰にとって？	どんな希望・理想？	⇒	それを実現するアイデアは？
		⇒	
		⇒	
		⇒	
		⇒	
		⇒	
		⇒	
		⇒	
		⇒	
		⇒	

①検討テーマについて、最初に希望点などを抽出整理する（包括的な内容はできるだけ具体化・細分化しておく)。

②それぞれの希望点などについての実現アイデアを検討していく（アイデア抽出可能なものだけでもOK)。

※包括的・抽象的ではなく、具体的・個別的な希望点などの整理、アイデア検討を行うことが最大のポイント。

発想法その⑫　希望点列挙法

アイデア発想の手順

手順１ 開催準備	・２、３名～最大 10 名程度の参加者を募る（ある程度多数のほうが意見の多様性が期待できるが、１人でも実施可能）。 ・場所を確保し、用紙やホワイトボードなどを準備しておく。 ・（場合によっては）参加者への開催テーマの告知、事前検討の依頼なども実施する。
手順２ 事前説明	・冒頭、集まった参加者に、①開催趣旨、②検討テーマ、③検討方法、④検討ルールについて説明し、⑤司会・書記を紹介する。
手順３ 希望点などの抽出・整理	・検討テーマについての希望点や理想像などを検討、整理していく。 ・その際、質は問わないが、できるだけ具体的なほうがよい（何かを包括した内容は、できるだけいくつかの具体的な希望点や理想像などに細分化して整理しておく）。
手順４ アイデア検討の実行（アイデア・意見の発散）	・抽出、整理した希望点や理想像などそれぞれについての解決策を検討、アイデアを整理していく。 ・その際、すべての希望点や理想像などに実現策が必ずしも入らなくてもＯＫ（検討しやすいもの、検討可能なものだけ実現策を出していけばよいが、抽出、整理した希望点などはすべて検討する）。 ・実現策については最初からその質を問うことはしないが、具体的な実現策が望ましい（具体的な希望点などに対する具体的実現アイデアのイメージ）。
手順５ アイデアの整理・評価（アイデア・意見の収束）	・場合によっては実現策を整理して評価してもよいが、特定の希望点などへの実現策についてのアイデア評価が重要であるため、とくに出てきたアイデアを整理する必要はない。 ・包括的な実現アイデアよりも、具体的なアイデアを評価するほうが望ましい（何がポイントなのかが明確になるアイデアほど好ましい）。

そのまま使えるフォーマット

検討テーマ：			
特性・属性など			アイデア
対象とする特性・属性は？	どのように変える？	⇒	(誰にとって)何がどのように変わる？ 何がよくなる？
		⇒	
		⇒	
		⇒	
		⇒	
		⇒	
		⇒	
		⇒	
		⇒	
		⇒	

①検討テーマについて、最初に特性などを抽出整理する（包括的な内容はできるだけ具体化・細分化しておく）。

②それぞれの特性などについてのアイデアを検討していく（アイデア抽出可能なものだけでもOK）。

※包括的・抽象的ではなく、具体的・個別的な特性などの整理、アイデア検討を行うことが最大のポイント。

発想法その⑬　特性列挙法

アイデア発想の手順

手順１ 開催準備	・２、３名～最大10名程度の参加者を募る（ある程度多数のほうが意見の多様性が期待できるが、１人でも実施可能）。 ・場所を確保し、用紙やホワイトボードなどを準備しておく。 ・（場合によっては）参加者への開催テーマの告知、事前検討の依頼なども実施する。
手順２ 事前説明	・冒頭、集まった参加者に、①開催趣旨、②検討テーマ、③検討方法、④検討ルールについて説明し、⑤司会・書記を紹介する。
手順３ 特性・属性などの抽出・整理	・検討テーマについての特性や属性を細分化し、整理していく。 ・その際、MECE的に（重複なく漏れなく）同一水準で細分化できればよいが、必ずしも重要ではない（重要な特性・属性などに漏れがなく視点が異なるのであれば、多少重複する領域があっても問題ない）。
手順４ アイデア検討の実行（アイデア・意見の発散）	・抽出、整理した特性・属性それぞれについてのアイデアを検討、整理していく。 ・その際、すべての特性や属性などに必ずしもアイデアが出てこなくてもＯＫ（検討しやすいもの、検討可能なものだけアイデアを出していけばよいが、抽出、整理した特性などはすべて検討する）。 ・アイデアは最初からその質を問うことはしないが、具体的であるほど望ましい。
手順５ アイデアの整理・評価（アイデア・意見の収束）	・場合によってはアイデアを整理して評価してもよいが、特定の特性などについてのアイデア評価が重要であるため、とくに出てきたアイデアを整理する必要はない。 ・むしろ包括的な実現アイデアよりも、具体的なアイデアを評価するほうが望ましい（何がポイントなのかが明確になるアイデアほど好ましい）。

（特定のフォーマットはない）

グルーピング整理法による整理のイメージ

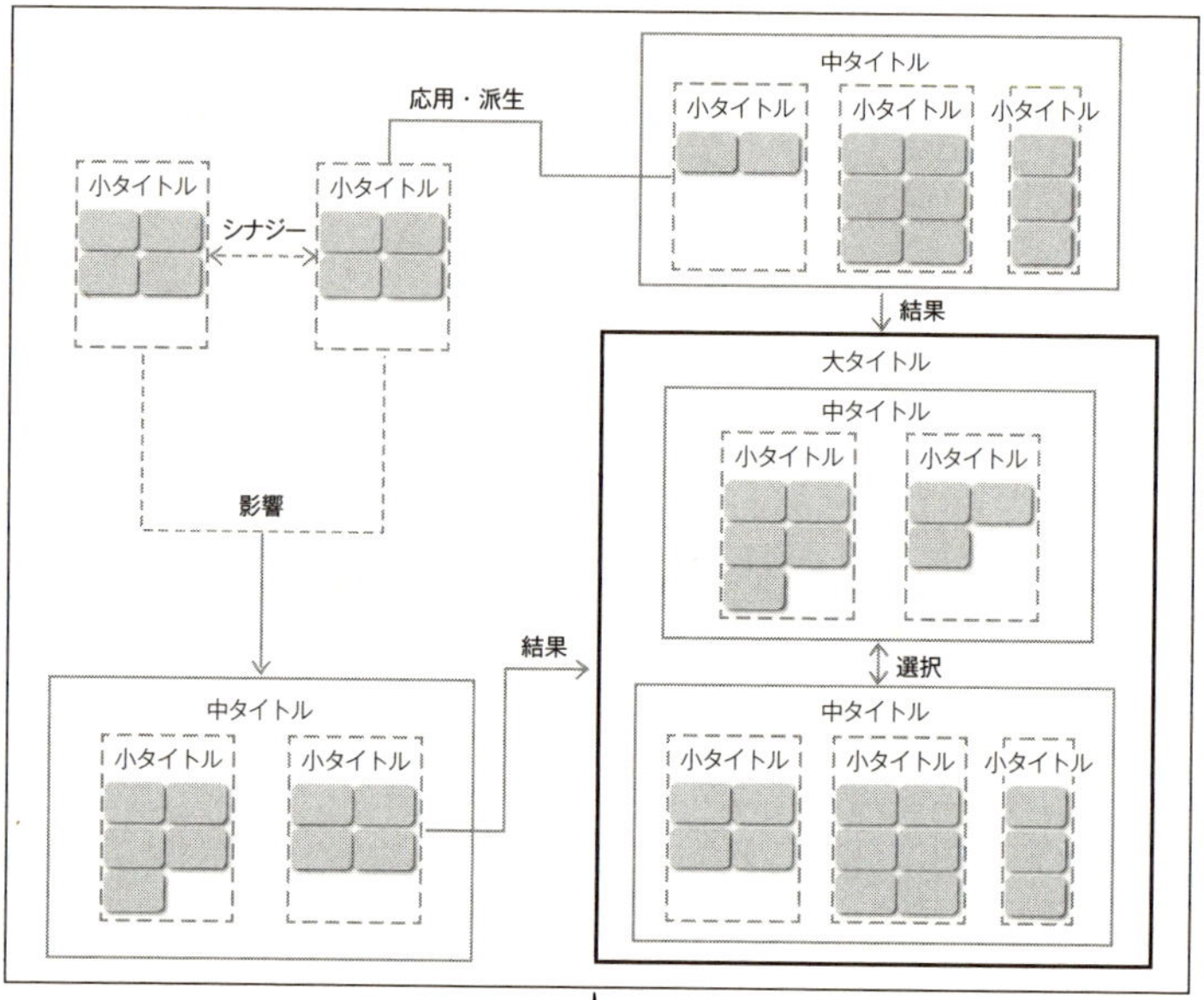

①検討テーマを念頭におき、個々のアイデアについて、感性・感覚に従って近しいもの同士をグルーピングする（グルーピングの数は問わない）。
②各グループの共通本質としてふさわしいタイトルをつけていく。できれば同一品詞（名詞、動詞、形容詞など）でシンプルにタイトルをつける。
③各グループのタイトルについて同じようにグルーピングを実施、タイトルづけを行う。これを何度か繰り返し、出てきたアイデア群を全体的な構造として可視化していく（必ずしも最終的に全体がひとつにまとまる必要性はない）。
どの階層でもよいが（あるいは階層を上下してもよいが）、因果や順序などつながりあるグループ同士をラインや矢印で関係性がわかるようにしておくとよい。
④最後にこれら全体構造から、アイデア群の示すポイントを抽出する（そのポイントは、アイデア群の全体構造から論理的に説明できなければならない）。

※最初は感性・感覚に従ってグルーピング、のちに論理的で適切なタイトルづけや関係づけを行っていくことが最大のポイント（感覚的に納得できるまで何度もやり直すこと）。
もし突出したアイデアの発見を最優先したい場合、こうした全体整理にこだわらず、一見関係のないアイデア同士のグルーピングを試行錯誤しながら、アイデアの発見を行ってもよい。

発想法その⑭　グルーピング整理法

アイデア整理の手順

手順１ 開催準備	・２～３名を人選して日程調整を行う（１名の場合は判断に偏りや迷いが生じる可能性があり、多すぎると意見がまとまりにくくなる）。 ・参加者は通常、アイデア発想の検討会に参加した人から選定することが多いが、不参加の人が入ってもかまわない。 ・場所を確保し、用紙やホワイトボードなどを準備しておく。 ・（場合によっては）参加者への開催告知なども実施する。
手順２ 事前説明	・冒頭、集まった参加者に、①開催趣旨、②テーマ、③整理方法、④整理ルールについて説明する。 ・とくにテーマについてはできるだけ具体的、明確に絞り込む。
手順３ アイデア整理の実行（アイデア・意見の収束）	・テーマを念頭に、最初は感性・感覚に従ってアイデアを分類・グルーピングしていく（はじめはあまり考えすぎない）。 ・分類・グルーピングされたものについて、共通する本質にふさわしいタイトルをつけてみる。 ・次にそのグルーピングされたタイトルを対象に、同じように感性・感覚に従ってグルーピングしていき、同じく共通する本質としてふさわしいタイトルをつける。 ・因果、順序など関係あるグループを線や矢印などで結ぶ。 ・以上をできるかぎり繰り返して全体構造を明らかにしていく。 ・一度で完璧に整理しようとはせず、感覚的におかしいと思うところがある場合は修正を行っていく（ある程度納得できるところまで何度もやり直す、多少は整理できないアイデアが出てもよい）。
手順４ 結論（アイデア収束の結果分析）	・全体構造が可視化されたものを俯瞰し、テーマについてアイデアのポイントを整理する。 ・ポイントの正しさの判断基準は、ポイントの背景・理由などの説明を、アイデアの全体構造からある程度論理的に説明できるか否か。 ・もし、きちんと説明できるポイントが出てこない、あるいは整理された全体構造が感覚的にしっくりこない場合は、もう一度最初からアイデア整理の実行を試みる。

そのまま使えるフォーマット

検討テーマ：							
	分類軸（　　　） 〈重要度 大〉←→〈重要度 小〉						
	分類 1	分類 2	分類 3	分類 4	分類 5	分類 6	分類 7
重要度 **最高**							
重要度 **高**							
重要度 **やや高**							
重要度 **普通**							
重要度 **やや低**							
重要度 **低**							
重要度 **最低**							

①検討テーマを念頭におきつつ、整理するアイデアの分類を決定し、そのセグメントカテゴリーを検討、設定する（7 分類程度）。複数のカテゴリーにまたがって分類されるようなアイデアが多数出てきそうな場合（ケースバイケースだが、アイデア数全体の 1 ～ 2 割以上）は、分類カテゴリーの設定を再考する。

②それら分類カテゴリーについて、検討テーマに対する重要度順に左から右へと並べたあと、各アイデアをそれぞれに分類していく。

③分類カテゴリー内での重要度順に 7 段階程度へ区分、上から順に重要度の高いアイデアを並べて配置する（表にアイデアの付箋を貼る、もしくは書き込む）。このとき、重要度による評価が基本だが、順序をつけることが可能な指標であれば、検討テーマの主旨から逸脱しないかぎり、アレンジしてもよい（時間、距離、コスト負担、容易さ、規模など、順序があるものならOK）。

④感覚的に違和感がないように整理できればその時点で終了してよいが、違和感がある場合は、適宜アイデアの配置などを修正して仕上げていく。

※検討テーマにふさわしく、かつアイデアを個別に分類できる分類カテゴリーの設定が最大のポイント。

発想法その⑮　セブンクロス法

アイデア整理の手順

手順1 開催準備	・2、3名を人選して日程調整を行う（1名の場合は判断に偏りや迷いが生じる可能性があり、多すぎると意見がまとまりにくくなる）。 ・参加者は通常、アイデア発想の検討会に参加した人から選定することが多いが、不参加の人が入ってもかまわない。 ・場所を確保し、用紙やホワイトボードなどを準備しておく。 ・（場合によっては）参加者への開催告知なども実施する。
手順2 事前説明	・冒頭、集まった参加者に、①開催趣旨、②テーマ、③整理方法、④整理ルールについて説明する。 ・とくにテーマについてはできるだけ具体的、明確に絞り込む。
手順3 アイデア分類の実行（アイデア・意見の収束①）	・テーマを念頭に、適切な分類方法を検討する（顧客や事業者/プレイヤー、商品・サービスタイプや、チャネル、理由・背景、機能、部品などで分類）。 ・決定した分類方法について適当な切り口でセグメントする（7分類前後が適当）。ただし、できるだけ同一カテゴリー、同水準でセグメントしていく。 ・次に整理するアイデアを見て、ある程度各セグメントへ振分けが可能かどうかを判断する（横断的に配されるアイデアが多数の場合は、分類方法を再考）。 ・続いて各セグメントをそのテーマにおいて重要性が高いものから左に配していく。 ・アイデアごとにどの分類名などに配されるかを検討する。
手順4 アイデア整理の実行（アイデア・意見の収束②）	・分類ごとに配置されたアイデアについて重要度を7段階で評価し、振り分けて各マスへ配置していく。 ・その際、上に重要度の高いもの、下へ重要度の低いものを並べる。 ・重要度評価が基本だが、検討テーマによってはアレンジしてもOK。
手順5 結論（アイデア収束の結果分析）	・左上に配されているほど重要なアイデアであることが一目で確認できる（ただし、一般的な分類、重要度による振分けに従った場合）。 ・グルーピング整理法のようにここからポイントを抽出する必要はなく、フォーカスすべきアイデアそのものを可視化すればそれで終了となる。 ・一度で完璧に整理しようとせず、感覚的におかしいと思うところがある場合は修正を行っていく（ある程度納得できるところまで何度もやり直す）。

そのまま使えるフォーマット

検討テーマ：

Who（ターゲット）

ポイントを
まとめると…

Whom（購入者※）

※ターゲット／利用者と異なる場合

ポイントを
まとめると…

Why（購買動機≒課題と解決の方向性）

ポイントを
まとめると…

When（利用シーン※）

※ターゲットや購入者の購買動機明確化のため

ポイントを
まとめると…

How（売り方≒方法論※）

※How Much（いくら）、
How Many（いくつ）など含む

ポイントを
まとめると…

What（商品、サービス）

ポイントを
まとめると…

When（販売時間、時期）

ポイントを
まとめると…

Where（販売チャネル）

ポイントを
まとめると…

ビジネスアイデアを構成する必要要素についてフレームワーク式に並べていくことでビジネスイメージを整理する。
5W1H（7W3H）にしばられず、必要に応じてアレンジを加えてもよい（出てくるアイデアからビジネスアイデアをイメージ化することが目的となっていればよい）。
基本要素のフレーム準備は必須だが、アイデア整理の段階で必ずしもすべてが埋まらなくてよい（イメージ化促進と検討不足の内容が明らかになればよい）。ただし、それぞれのフレームに整理した内容が相互補完的に整合性をもって整理されていること。
※テーマに応じたフレーム設置方法が最大のポイント（アイデア検討における４大要素は何らかの形で含めたほうがいい）。

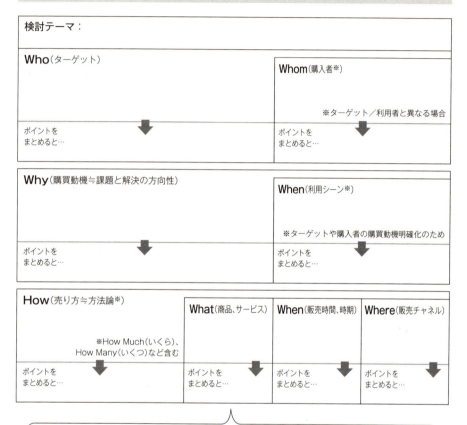

発想法その⑯　5W1H（7W3H）法

アイデア整理の手順

手順１ 開催準備	・２～３名を人選して日程調整を行う（１名の場合は判断に偏りや迷いが生じる可能性があり、多すぎると意見がまとまりにくくなる）。 ・参加者は通常、アイデア発想の検討会に参加した人から選定することが多いが、不参加の人が入ってもかまわない。 ・場所を確保し、用紙やホワイトボードなどを準備しておく。 ・（場合によっては）参加者への開催告知なども実施する。
手順２ 事前説明	・冒頭、集まった参加者に、①開催趣旨、②テーマ、③整理方法、④整理ルールについて説明する。 ・とくにテーマについてはできるだけ具体的、明確に絞り込む。
手順３ フレーム配置の検討（アイデア・意見の収束①）	・テーマを念頭に置きつつ、アイデアの内容から適切なフレーム配置を行う。 ・ただし、ビジネスアイデアのエッセンスを明確にできる程度を心がけ、必要以上の詳細なフレーム配置は行わないようにする（検討テーマや出ているアイデア群から判断するのがベストだが、難しい場合は、まず詳細なフレーム配置をしておき、あとでフレームごと取捨選択、あるいはフレームの見直しを行う）。
手順４ アイデアの振分け（アイデア・意見の収束②）	・配置されたフレームへアイデアを振り分けていく（そのアイデアがどのフレームに関わるアイデアなのかという視点で整理していく）。 ・また、前提条件としていることがあれば、アイデアにはなくても記入してOK。
手順５ 結論（アイデア収束の結果分析）	・各フレームに配置されたアイデアを俯瞰し、そこからいえることを抽出整理していく（複数の内容が認められる場合は複数並べておく）。 ・すべてのフレームについて、アイデアからのポイント整理ができたらあらためて俯瞰し、アイデアとして重要なポイントを特定する。 ・その特定したポイントを基軸として、他のフレームとの整合性を図る（特定ポイントとの整合性がないもの、必要不可欠でないと判断されるポイントを消去していくことで、ビジネスアイデアのエッセンスを絞り込む）。 ・一連の作業によって検討が不足している内容があれば、あらためてそこのフォーカスした検討を行う。

おわりに

「創造的であれ！」「革新的であれ！」「新たな価値の創出を！」。ビジネス書や経営コンサルタントが声をはりあげます。かつてあったはずの日本社会の成長条件が失われてゆくなか、組織と個人の迷いと不安がこの背景にあります。

旧来型の組織の多くが「選択と集中」あるいは「創造的破壊」を強迫的に繰り返し、結果、さらなる硬直を招いています。そこに本来の言葉の誤解があるとはいえ、現状の延長線上に未来を描き出せない社会の焦りが、排除の論理と現状の否定を「勇気ある決断」などと賞賛するのでしょう。

しかし、それらが成果を生むためには真に創造的なビジョンが必要です。それをどこに求めるべきか。ひとつは目の前の現実を正しく受け止めること、ここが出発点です。もうひとつは、未来からの視点です。「よりよい未来とは？」という真摯な問いかけを繰り返すこと、そして、「その実現に向けて今の私たちはどうあるべきか」を構想することが起点となります。これら2つのギャップを埋めることがまさにビジョンであり、ビジョンを実現するための創造的な戦略となります。そして、私たちがより創造的であるために必要な能力もシンプルです。そう、「想像力」です。

本書は、弊社の新規事業部門である「未来企画室」のチームが編纂しました。弊社もまた来るべきAIやビッグデータの時代への対応を迫られています。従来のように「ファクトを調べ、解説する」だけでは戦ってゆけません。販路開拓や事業提携支援あるいは海外進出支援といったビジネス・ソリューション事業は、基幹戦略としてすでに取り組んでいます。では、新規事業開発をミッションとする未来企画室はどのように新しいビジネスを発想したのか？

まず、ＡＩやロボットが活躍する華々しい未来と、そのとき自分自身に降りかかって来るであろう課題を想像することから始めました。答えは至って単純です。ＡＩやロボットに代替されない人材を育成すること、そうした人材を中堅企業や地方の中小企業と結びつけることです。

この事業はＳＭＡＲＴＥＲ×ＳＭＡＲＴＥＲというブランド名で２０１８年初頭よりスタートしました。まだまだ想像力が足りないし、未来の構想力も十分ではありません。ゆえに未来と現実のギャップの本質が見えていません。試行錯誤の途上にあります。

え？　正しいアイデアを発想してから事業を開始すべきでは？　ごもっともです。とはいえ、調査のための調査が意味をなさないように、アイデアの確からしさの検証にもきりがありません。

まずはやってみること。そして、自分が見出した一筋の可能性を信じ、一人でも多くの他者を巻き込み、事業を成功させるために本気になること。これこそが最良の「創造力」であると考えます。正しいプロセスで発想されたアイデアには必ずチャンスが訪れます。あとはあなた次第です。チャンスを受け止め、つかむための準備を今から始めてください。私たちはあなたの第一歩を全力で応援します。

矢野経済研究所　代表取締役社長　　水越　孝

[著者略歴]

株式会社矢野経済研究所（代表取締役社長　水越 孝）

1958年、矢野雅雄により創業。「調査能力をもって日本の産業に参画する」を経営理念に、国内外でリサーチ活動を展開する日本を代表する独立系市場調査機関。主要産業のすべてに専門の研究員を配置。フィールド調査に軸足を置いた現場本位のマーケティング情報とビジネス・ソリュージョンは、産業界から高い信任を得ている。

矢野経済研究所 未来企画室

2012年、社長直轄の新規事業開発チームとして活動をスタート。〝顧客の未来を創造する〟をコンセプトに市場調査会社の枠を越えた新たなビジネス・モデルの開発に挑む。2018年、既存の人材会社とは一線を画す〝ジョブオーディション〟型の採用支援サービス「SMARTER × SMARTER」（https://www.smarter2.biz/）を事業化、中堅企業・地方企業などの人材採用支援を開始した。

〈執筆担当〉
品川郁夫（しながわ いくお）未来企画室　上席マネージャー
矢野初美（やの はつみ）未来企画室　シニアアソシエート

アイデア発想法《はっそうほう》16
どんなとき、どの方法《ほうほう》を使うか

2018年4月1日　初版発行

著　　者　矢野経済研究所 未来企画室
発 行 者　小林 圭太
発 行 所　株式会社ＣＣＣメディアハウス
〒141−8205 東京都品川区上大崎3丁目1番1号
電話　03-5436-5721（販売）
03-5436-5735（編集）
http://books.cccmh.co.jp

印刷・製本　慶昌堂印刷株式会社

Printed in Japan
ISBN978-4-484-18215-5